# UN ZESTE D'AMOUR TOUS LES JOURS

JEANINE DONOFRIO
JACK MATHEWS

LOVE & LEMONS

# UN ZESTE D'AMOUR TOUS LES JOURS

Plus de 100 recettes pour ensoleiller votre quotidien

éditions la plage

Publié pour la première fois en anglais sous le titre *Love & Lemons Every Day* par Avery.

Toutes les autres photographies sont de Jeanine Donofrio et Jack Mathews.
Conception graphique des pages intérieures et de la couverture : Trina Bentley de Make & Matter
Stylisme culinaire : Jeanine Donofrio
Stylisme : Jenn Elliott Blake


58, rue Jean Bleuzen – 92178 Vanves cedex
Dépôt légal : septembre 2023
NUART : 8141003
ISBN : 978-2-38-338-154-9

Direction éditoriale : Céline Le Lamer
Suivi éditorial : Marie Meyer-Vacherand
Mise en page : ZS studio
Relecture : ZS studio
Fabrication : Amélie Moncarré
Responsable marketing et communication : Charlotte Couture (ccouture@laplage.fr)
Responsable partenariats : Dana Lichiardopol (dlichiardopol@hachette-livre.fr)

Retrouvez toutes nos nouveautés et actualités sur www.laplage.fr
Écrivez-nous :
• Pour toute demande ou réclamation : info@laplage.fr
• Pour envoyer vos manuscrits : edition@laplage.fr



Imprimé en France sur du papier certifié sans chlore issu de forêts gérées durablement, avec des encres végétales sur les presses de Pollina, un imprimeur reconnu pour ses pratiques respectueuses de l'environnement.

PAPIER À BASE DE FIBRES CERTIFIÉES

la plage s'engage pour l'environnement en réduisant l'empreinte carbone de ses livres. Celle de cet exemplaire est de : 2,0 kg éq. $CO_2$

Achevé d'imprimer en septembre 2023 - 47193

Aux lecteurs du blog *Love & Lemons*...

# EXTRAS

## SOMMAIRE

LOVE & LEMONS

# LOVE & LEMONS,

## *La véritable histoire d'amour*

En 2011, mon mari Jack et moi-même avons créé un blog de cuisine. À l'époque, c'était considéré comme une chose étrange étant donné que la plupart des gens ne savaient pas ce qu'était un blog. Nos amis se demandaient pourquoi nous avions du matériel de prise de vue partout dans la cuisine, ma famille se demandait pourquoi j'avais réduit les horaires de mon emploi pour suivre cette folle passion culinaire, et nos chiens étaient ravis de voir que de plus en plus de nourriture tombait par terre. Je pense que c'est mon père qui a le mieux résumé notre nouveau passe-temps : « Certains prient avant de manger, vous, vous prenez des photos. »

Dans notre premier livre de cuisine, j'ai raconté l'histoire de *Love & Lemons*, qui impliquait une longue et belle promenade à Capri et un chien qui nous a dépassés avec un citron dans la gueule. À cette période, juste après nos fiançailles, nous avons eu envie de cuisiner avec les produits les plus frais possibles et cultivés localement. Mais comme toutes les belles histoires d'amour, il y a aussi l'envers du décor – la fin de cette randonnée italienne idyllique, où nous avons terminé perdus et brûlés par le soleil ; le désordre total auquel aboutissent certaines de nos séances de cuisine ; les énormes disputes avec mon conjoint au moment de photographier tout cela !

La semaine où nous avons lancé notre blog, une plaque pleine de naans a failli faire brûler notre maison, notre appareil photo flambant neuf est tombé, et la nourriture se flétrissait dans l'assiette avant que nous ayons pu prendre la dernière photo. Aujourd'hui, notre méthode est un peu plus efficace, et si nous avons appris quelque chose en passant d'innombrables heures dans la cuisine l'un avec l'autre, c'est comment bien travailler ensemble. J'ai cessé de m'énerver lorsque Jack renverse de la farine sur le sol, car sa focaccia maison est délicieuse, et Jack est heureux de se mettre à la cuisine saine parce que j'utilise régulièrement des ingrédients qu'il aime comme les champignons, la moutarde et tout ce qui est mariné. De plus, il ne se plaint plus de devoir participer au nettoyage... surtout quand « nettoyer » signifie manger les œufs pochés qui ne sont pas parfaits pour les photographies mais qui sont toujours délicieux.

# UN ZESTE D'AMOUR TOUS LES JOURS

Jack et moi adorons nous promener dans les marchés de petits producteurs. Il aime particulièrement goûter les fromages des vendeurs locaux, et j'aime « planifier » mes repas en m'inspirant des beaux légumes disponibles sur les étals. Lorsque nous vivions à Austin, au Texas, nous faisions cela tous les week-ends, tout au long de l'année. Maintenant que nous avons déménagé à Chicago, dans l'Illinois, nos promenades dominicales ensoleillées au marché sont plus limitées, et dépendent des saisons.

Notre premier livre de cuisine est basé sur ces promenades au marché, c'est pourquoi il est organisé par ordre alphabétique des légumes. Il est pensé pour donner des idées de repas en fonction du légume de saison que vous venez de rapporter à la maison. C'est ma façon préférée de cuisiner quand les étals des marchés débordent. Mais lorsque le sol est recouvert d'un mètre de neige, il faut quand même manger. Et nous voulons manger des plats délicieux et nutritifs tout au long de l'année (c'est possible avec les tourtes individuelles réconfortantes aux champignons et haricots blancs, page 141, ou le *saag paneer* au yaourt à la grecque, page 185).

Ce livre contient un grand nombre de recettes qui permettent de cuisiner les produits de saison du marché, ainsi que des recettes à base de légumes et de fruits que vous pouvez trouver dans n'importe quelle épicerie bien approvisionnée. Bien sûr, je vous encourage à utiliser des produits locaux chaque fois que c'est possible et à attendre l'été pour manger une pêche, mais sachez que chaque recette a été réalisée avec des produits que j'ai trouvés près de chez moi, dans le Midwest.

100+

# UNE CUISINE DE TOUS LES JOURS, UN PEU PLUS ÉLABORÉE

Au cours d'une semaine bien remplie, mes repas quotidiens ressemblent à ceci : un smoothie vert pour le petit déjeuner, un *avocado toast* pour le déjeuner et un phô pour le dîner. C'est bien beau, mais je crois profondément que la variété est le sel de la vie et que la routine peut tuer l'amour qu'on porte à la nourriture (je parle des flocons d'avoine que j'ai mangés tous les jours à l'université, puis que j'ai délaissés pendant dix ans). C'est pourquoi vous ne trouverez pas de recette d'*avocado toast* dans ces pages : je veux vous proposer des choses nouvelles auxquelles vous n'avez peut-être pas pensé.

Vous y découvrirez plus de 100 nouvelles recettes végétariennes parmi lesquelles nous aimons piocher pour une alimentation saine. Ce sont des recettes que j'ai préparées pour ma famille et pour mes amis – toujours impatients de manger – pendant des années. Certaines sont très rapides à faire et parfaites pour les matins et les soirs de semaine bien occupés. D'autres sont très bien pour les déjeuners à emporter au travail. D'autres encore sont conçues pour les soirées où vous avez le temps de savourer un verre de vin bien mérité tout en préparant le dîner.

Aucune des recettes n'est compliquée à réaliser, et la plupart d'entre elles sont accompagnées d'un conseil utile au quotidien : comment réduire le temps de préparation (quinoa congelé !), quelles recettes sont particulièrement propices à la congélation (la plupart des soupes !), quelles salades font d'excellents déjeuners du lendemain (la salade de pêches et de haricots verts à l'aneth, page 115, et la salade pique-nique de nouilles soba, page 117, sont deux de mes préférées !), ou encore comment utiliser les restes dans une autre recette.

# BIENVENUE DANS L'ÈRE DES FRUITS ET LÉGUMES !

# LES FRUITS ET LES LÉGUMES AU CENTRE DE L'ASSIETTE

Vous avez peut-être remarqué un changement culturel au cours des dernières années : la viande n'a plus besoin d'être la star de l'assiette. La notion de végétarisme a également évolué : il n'est plus nécessaire de remplacer la viande par des substituts de viande. Bienvenue dans l'ère enthousiasmante des légumes !

## COMMENT JE METS LES FRUITS ET LES LÉGUMES AU CENTRE DE MON ASSIETTE ?

Je me tourne vers des légumes consistants comme la patate douce, le chou-fleur, les courges et les champignons pour rendre les repas copieux et rassasiants. Je garde beaucoup de légumes-feuilles à portée de main car ils donnent de l'énergie. J'aime utiliser des légumes comme la carotte, le fenouil, la betterave, le rutabaga et le panais, car je pense que ces humbles racines sont la pierre angulaire de la cuisine d'hiver et qu'elles méritent elles aussi un peu de créativité. Bien entendu, lorsque les marchés d'été battent leur plein, je remplis mes sacs de tomates, d'aubergines, de courges d'été, de poivrons, de maïs doux, de cerises et de mes pêches bien-aimées.

## APPRENDRE À AIMER LES FRUITS ET LES LÉGUMES

Lorsque quelqu'un me dit qu'il déteste un certain légume, je réponds toujours : « Mais tu ne l'as pas préparé de la bonne façon ! » Mon mari, Jack, « détestait » les asperges, mais lorsque nous avons commencé à les faire griller, il est devenu accro ! Pendant des années, je n'ai pas voulu toucher à une carotte cuite, jusqu'à ce que je commence à les rôtir à la perfection avec des assaisonnements corsés. Maintenant, je suis folle de carottes, et vous le serez aussi lorsque vous aurez essayé la salade de carottes marocaine aux épices avec lentilles, page 121.

Il ne s'agit pas d'un livre pour devenir végétarien, mais d'un livre pour aimer les légumes, car ils peuvent être cuisinés de plein de façons différentes. La courge butternut se transforme en *« queso »* crémeux que vos invités dévoreront lors de votre prochain repas (voir page 75), une tête entière de brocoli devient du « riz » pour garnir un burrito (voir page 149), et un rutabaga se transforme en une copieuse sauce bolognaise sans viande (voir page 189). Personne n'a envie de manger des légumes en bouillie et mal assaisonnés, mais donnez une chance aux petits pois (attention, ne les faites pas trop cuire) !

# LA SAVEUR DANS LA CUISINE VEGGIE

Il m'a fallu du temps pour aimer les légumes. Je me souviens des heures passées avec ma petite sœur à table, à essayer de finir nos brocolis froids. Des années plus tard, j'ai surpris tout le monde – y compris moi-même – lorsque j'ai décidé de devenir végétarienne, d'autant plus que les seuls plats que je savais « cuisiner » étaient des sautés fades et des légumes surgelés passés au micro-ondes. Alors que je commençais à perdre patience face à ce nouveau mode de vie sans saveurs, une chose incroyable s'est produite : j'ai mangé mon premier sandwich aux falafels. Les épices vives, les herbes aromatiques et le houmous au citron garnissant un pain pita m'ont fait prendre conscience que les légumes pouvaient être excitants ! Il y avait tant de nouvelles saveurs à essayer ! Qu'est-ce que je sais aujourd'hui et que j'aurais aimé savoir à l'époque ? Pour que les légumes soient absolument délicieux, il faut un équilibre entre ces différents éléments.

## DU CITRON JAUNE (ÉVIDEMMENT !), DU CITRON VERT OU DU VINAIGRE, POUR LA TOUCHE ACIDULÉE

Cela va sans doute de soi, mais j'adore ajouter du citron pour égayer n'importe quel plat. Ce que j'entends par « égayer », c'est que le citron, comme d'autres sources d'acidité, contrastent avec le sel et les matières grasses pour créer une saveur équilibrée. Si vous avez l'impression qu'une préparation est un peu fade, essayez d'ajouter 1 filet de jus de citron, de jus de citron vert ou de vinaigre pour la relever.

## DU SEL

Le sel a mauvaise presse, car beaucoup de plats préparés et de plats issus de la restauration rapide contiennent trop de sodium. Mais lorsque vous cuisinez vous-même des légumes principalement crus, ces derniers ont besoin de beaucoup de sel. Le sel est l'exhausteur de goût par excellence : il permet de mettre en valeur les aliments. Par exemple, si vous saupoudrez du sel sur une tomate, cela ne lui donne pas un goût de sel mais fait ressortir sa note sucrée naturelle. Les recettes de ce livre utilisent du sel de mer fin. À l'occasion, j'utilise du sel de mer en flocons, comme la fleur de sel ou le sel de Maldon, en guise de sel de finition. Lorsque je n'utilise pas de sel, j'incorpore d'autres ingrédients salés comme du miso ou du tamari.

## DE BONNES MATIÈRES GRASSES

Les bonnes matières grasses sont vitales dans l'alimentation végétarienne, car ce sont elles qui vous donnent la sensation d'être rassasié à la fin d'un repas. Non seulement les salades assaisonnées à l'huile d'olive, les sandwichs à l'avocat et les brownies à l'huile de coco ont un meilleur goût que leurs équivalents sans matières grasses, mais ils me donnent également l'impression qu'on doit en manger moins pour se sentir rassasié. N'ayez donc pas peur des bonnes matières grasses : c'est grâce à elles que vous mangez une seule part de brownie et pas tout le plat !

## BEAUCOUP D'HERBES AROMATIQUES ET D'ÉPICES

Agrémenter une recette d'herbes aromatiques et d'épices, c'est comme mettre de la peinture sur une toile. Vous pouvez décider si vous préférez le bleu ciel au bleu outremer, comme vous pouvez décider si vous préférez le basilic à la coriandre. Pour ma part, j'aime le basilic et la coriandre, mais aussi le persil, le thym, le romarin et la menthe, selon la saison ou même mon humeur. Le thym est synonyme pour moi de quelque chose de réconfortant ; j'utilise le romarin pour me rappeler l'été durant une journée d'hiver et le basilic ou la menthe pour célébrer le soleil du printemps ou de l'été.

Il en va de même pour les épices. Vous vous souvenez de mon premier sandwich aux falafels ? J'ai adoré ce plat parce qu'il contenait des épices que je continue d'utiliser : le cumin, la coriandre et le piment de Cayenne. Bien sûr, il existe une multitude d'autres épices : le paprika fumé, qui a une saveur proche de celle du bacon, la cannelle, qui ajoute une note chaleureuse même dans les plats salés (voir le tajine, page 207), les graines de carvi, qui donnent du peps à la harissa (voir page 281), et les épices qui composent le curry comme le curcuma et la cardamome, qui ajoutent une diversité de saveurs que les matières grasses, les ingrédients acides et le sel ne peuvent pas apporter seuls.

# PUISQUE LES FRUITS ET LES LÉGUMES SONT AU CENTRE DE L'ASSIETTE, CHOISISSEZ-LES BIEN !

Si, comme nous, vous vivez dans un climat froid, il se peut que vous n'ayez pas accès à un marché de producteurs au milieu de l'hiver. La grande majcrité des recettes de ce livre fonctionnera avec des produits de bonne qualité provenant du supermarché. Mais lorsque le printemps arrive, sortez, prenez l'air et explorez les marchés ! Pourquoi, me demanderez-vous, se soucier de choisir des produits locaux et de saison ? La réponse la plus courte est : ils ont meilleur goût ! Lorsque les légumes sont cultivés près de chez vous et voyagent moins, leur récolte respecte mieux leur période idéale de maturité. Cela signifie que les tomates locales et de saison sont plus sucrées et plus juteuses, que le chou kale est plus tendre, que la roquette est plus parfumée, que les carottes sont plus sucrées, que les poireaux sont plus tendres et plus sucrés, et que les fruits rouges sont plus juteux et savoureux que ceux qui viennent de loin. Si vous n'êtes pas sûr de la saison, voici un guide simple.

## GUIDE DES PRODUITS DE SAISON

### PRINTEMPS

Ail des ours
Asperge
Betterave
Blette
Carotte
Champignons
Chou cavalier
Chou kale
Épinard
Fraise
Laitue
Navet
Oignon
Petits pois et autres pois
Poireau
Radis
Rhubarbe

*La disponibilité des produits varie selon la région et le climat.*

### ÉTÉ

Aubergine
Betterave
Blette
Brocoli
Carotte
Cerise
Champignons
Concombre
Courges d'été
Courgette
Framboise
Fruits rouges
Haricot vert
Laitue
Maïs
Melon
Pêche
Poivron
Prune
Radis
Tomate

### AUTOMNE

Betterave
Brocoli
Carotte
Champignons
Chou
Chou cavalier
Chou de Bruxelles
Chou-fleur
Chou kale
Courges d'hiver
Haricot vert
Maïs
Panais
Patate douce
Poire
Pomme
Pomme de terre
Potiron
Radis
Raisin

### HIVER

Betterave
Carotte
Champignons
Chou
Chou cavalier
Chou de Bruxelles
Chou kale
Citron jaune
Courges d'hiver
Épinard
Fenouil
Navet
Oignon
Orange
Pamplemousse
Panais
Patate douce
Poire
Poireau
Pomme de terre
Potiron
Radis
Rutabaga

Herbes
2€
SANDBOX ORGANICS

# ET LES PROTÉINES ?

Les protéines sont un élément important d'un plat équilibré, mais si les légumes sont au centre de l'assiette, quel rôle leur reste-t-il ? Eh bien, celui de sublimer les légumes, bien sûr. Bien que les besoins en protéines varient d'une personne à l'autre, voici quelques-unes de mes protéines non carnées préférées que vous retrouverez dans les recettes de ce livre.

## PROTÉINES VÉGÉTALES

### POIS CHICHES

J'aime tellement les pois chiches que j'ai failli nommer mon blog *Chickpea Chick* (« la fille aux pois chiches »). Je suis heureuse de ne pas l'avoir fait, car je ne suis pas sûre que Jack aurait voulu être M. Chickpea Chick. Blague à part, les pois chiches peuvent être préparés de tant de façons différentes et sont si faciles à utiliser pour les soupes, les plats mijotés, les salades, les currys ou tout autre plat qui a besoin d'être étoffé.

### HARICOTS NOIRS ET HARICOTS CANNELLINI

Bien sûr, il existe d'autres types de haricots, mais ces deux-là sont faciles à trouver et je les utilise tout le temps. Si vous voulez sortir des sentiers battus, vous pouvez remplacer les haricots noirs par des haricots azuki ou pinto, ou les haricots Cannellini par des haricots blancs type haricots de Soissons, haricots coco, haricots de Paimpol...

### LENTILLES

Je vais être honnête : à part la soupe de lentilles, il m'a fallu un certain temps pour aimer les lentilles. Le problème, c'est qu'elles peuvent facilement devenir pâteuses et fades. J'ai finalement découvert que la clé était de tirer parti de leur texture. Les lentilles corail sont idéales pour épaissir les ragoûts et servir de liant dans les falafels (voir page 137). Les lentilles vertes du Puy, lorsqu'elles sont cuites *al dente*, sont merveilleuses dans les salades. Pour apporter du contraste, j'aime les assaisonner avec beaucoup de jus de citron et de vinaigre.

### FRUITS À COQUE

Les fruits à coque sont parfaits pour un encas et pour donner du croquant à un plat. Mais ils sont particulièrement intéressants lorsqu'ils sont mixés pour préparer des sauces crémeuses sans produits laitiers. Les noix de cajou se transforment en une succulente sauce pour pâtes, et les noix en une copieuse sauce miso pour les buddha bowls (voir page 147). Et n'oubliez pas les purées d'oléagineux, que j'adore non seulement comme encas, mais aussi comme liant et pour agrémenter les pâtisseries vegan telles que les cookies et les brownies.

### TOFU

Il a la mauvaise réputation d'être fade, mais c'est parce qu'il est fade – assaisonnez-le ! La

*Les légumes contiennent également des protéines !*

Certains de mes légumes préférés, comme les petits pois, les épinards, le chou kale, le brocoli, les choux de Bruxelles et les avocats, contiennent tous des protéines !

qualité d'un plat dépend de ce que vous y ajoutez. Ne manquez pas le tofu brouillé, page 43 – nous l'aimons autant que nous aimons les œufs brouillés.

### QUINOA

Le quinoa est la « reine » des céréales (même si ce n'est pas une céréale à proprement parler), car il contient 14 grammes de protéines pour 100 g. C'est aussi l'un des ingrédients les plus polyvalents que j'utilise, qu'il s'agisse de céréales ou de protéines. J'aime non seulement en mettre dans les soupes, les salades et les bowls, mais aussi en incorporer dans une farce pour garnir des légumes comme les courges rondes (par exemple la courge kabocha). Vous pouvez même l'utiliser dans les pâtisseries et les desserts ! Passez à la page 35 et préparez les biscuits au quinoa façon *banana bread*. Y a-t-il quelque chose que le quinoa ne peut pas faire ?

### GRAINES

Lorsque je n'utilise pas des fruits à coque torréfiés en topping, j'utilise des graines de tournesol, de chanvre, de sésame, de chia ou de courge torréfiées. Les graines, comme les fruits à coque, sont des sources concentrées de protéines et de matières grasses. Les graines de chanvre fournissent un apport rapide de protéines, les graines de sésame apportent un petit goût de noisette (les crackers de riz complet au sésame, page 77, sont mon encas préféré), les graines de courge donnent des pestos d'un vert vif, les graines de lin servent de liant dans les produits de boulangerie et de pâtisseries vegan et les graines de chia donnent un délicieux pudding (voir page 257).

## PROTÉINES VÉGÉTARIENNES

### ŒUFS

Vous voulez un moyen facile d'augmenter la teneur en protéines d'à peu près n'importe quelle recette ? Ajoutez-y un œuf poché. Je recommande d'acheter des œufs bio, de poules élevées en liberté, d'origine locale si possible.

### PRODUITS LAITIERS

Ma source préférée de protéines laitières est le yaourt à la grecque ; il est plus facile à digérer que la plupart des autres produits laitiers. Pour ce qui est du fromage, la feta est mon topping favori – son goût agréable reste longtemps en bouche.

# CÉRÉALES

## PRÉPARATION DES CÉRÉALES

**Commencez par rincer les céréales. Placez les céréales sèches dans une passoire au-dessus d'un saladier et rincez-les plusieurs fois jusqu'à ce que l'eau du saladier soit claire. Égouttez-les ; elles sont prêtes à être cuisinées.**

| | | |
|---|---|---|
| **Sarrasin** | 1 verre de sarrasin + 2 verres d'eau<br>Pour 3 verres de sarrasin cuit | Porter le tout à ébullition. Réduire le feu et laisser mijoter, à découvert, pendant 10 min ou jusqu'à ce que le sarrasin soit tendre. Égoutter et rincer à l'eau froide jusqu'à ce que l'eau soit claire. |
| **Farro et blé complet** | 1 verre de farro ou de blé complet + une grande quantité d'eau<br>Pour 3 verres de farro ou de blé complet cuit | Porter le tout à ébullition. Réduire le feu et laisser mijoter, à découvert, pendant 25 à 40 min, voire 45 à 60 min pour le blé complet plus dur, ou jusqu'à ce que ce soit tendre. Ajouter de l'eau si nécessaire. Évacuer l'excédent d'eau. |
| **Boulgour** | 1 verre de boulgour + 2 verres d'eau<br>Pour 2 ½ verres de boulgour cuit | Porter l'eau à ébullition puis ajouter le boulgour. Couvrir, éteindre le feu et réserver pendant 20 à 30 min ou jusqu'à ce que le boulgour soit tendre. Évacuer l'excédent d'eau. Remuer à l'aide d'une fourchette. |
| **Quinoa** | 1 verre de quinoa + 1 ¾ verre d'eau<br>Pour 3 verres de quinoa cuit | Porter le tout à ébullition. Couvrir, réduire le feu et laisser mijoter pendant 15 min. Retirer du feu et laisser reposer, en gardant le couvercle, pendant 10 min. Remuer à l'aide d'une fourchette. |
| **Riz rond complet** | 1 verre de riz + 2 verres d'eau + 1 c. à café d'huile d'olive vierge extra<br>Pour 3 verres de riz cuit | Porter le tout à ébullition. Couvrir, réduire le feu et laisser mijoter pendant 45 min. Retirer du feu et laisser reposer avec le couvercle pendant 10 min. Remuer à l'aide d'une fourchette. |
| **Riz blanc thaï ou basmati** | 1 verre de riz + 1 ½ verre d'eau + 1 c. à café d'huile d'olive vierge extra<br>Pour 3 verres de riz cuit | Porter le tout à ébullition. Couvrir, réduire le feu et laisser mijoter pendant 15 min. Retirer du feu et laisser reposer avec le couvercle pendant 10 min. Remuer à l'aide d'une fourchette. |

# LÉGU-MINEUSES

## PRÉPARATION DES HARICOTS SECS

**Placez les haricots ou les pois chiches dans un saladier. Jetez tout caillou ou résidu indésirables. Couvrez d'une couche d'au moins 5 cm d'eau et jetez les haricots qui flottent. Laissez tremper à température ambiante pendant 8 h ou toute la nuit. Égouttez et rincez bien.**

| | | |
|---|---|---|
| **Haricots noirs** | 1 verre de haricots noirs + une grande quantité d'eau<br>Pour 3 verres de haricots noirs cuits | Mettre les haricots dans une casserole et les couvrir d'au moins 5 cm d'eau. Porter à ébullition. Réduire le feu et laisser mijoter, à découvert, en remuant de temps en temps, pendant 45 min à 1 h, ou jusqu'à ce que les haricots soient tendres. |
| **Haricots Cannellini** | 1 verre de haricots Cannellini + une grande quantité d'eau<br>Pour 3 verres de haricots Cannellini cuits | Mettre les haricots dans une casserole et couvrir d'au moins 5 cm d'eau. Porter à ébullition. Réduire le feu et laisser mijoter, à découvert, en remuant de temps en temps, pendant 1 h 30 à 2 h, ou jusqu'à ce que les haricots soient tendres. |
| **Pois chiches** | 1 verre de pois chiches + une grande quantité d'eau<br>Pour 3 verres de pois chiches cuits | Placer les pois chiches dans une casserole et couvrir d'au moins 5 cm d'eau. Porter à ébullition. Réduire le feu et laisser mijoter, à découvert, en remuant de temps en temps, pendant 1 h 30 à 2 h, ou jusqu'à ce que les pois chiches soient tendres. |

## PRÉPARATION DES LENTILLES

**Rincez les lentilles, égouttez-les et suivez les instructions de cuisson. Il n'est pas nécessaire de les faire tremper. Vous pouvez également ajouter les lentilles sèches directement dans les soupes et les plats mijotés, et les faire cuire jusqu'à ce qu'elles soient tendres et qu'elles aient épaissi.**

| | | |
|---|---|---|
| **Lentilles vertes du Puy** | 1 verre de lentilles + 3 verres d'eau<br>Pour 3 verres de lentilles cuites | Porter le tout à ébullition. Couvrir, réduire le feu et laisser mijoter, en remuant de temps en temps, pendant 20 à 30 min ou jusqu'à ce que les lentilles soient tendres. |
| **Lentilles corail et jaunes** | 1 verre de lentilles + 1 ½ verre d'eau<br>Pour 3 verres de lentilles cuites | Porter le tout à ébullition. Couvrir, réduire le feu et laisser mijoter, en remuant de temps en temps, pendant 10 à 15 min ou jusqu'à ce que les lentilles soient tendres. |

*Ne jetez pas les fanes... ni les tiges, les extrémités, les feuilles et autres « déchets » des légumes.*

# OBJECTIF Z

**Voici mes façons préférées d'utiliser les « déchets » qui sont généralement jetés.**

## FEUILLES DE BETTERAVES

**1** | Hacher finement les feuilles et préparer une *gremolata* (voir la salade de betteraves, *gremolata* de feuilles de betteraves à la pistache, page 127).

**2** | Faire sauter les feuilles à la poêle comme des blettes ou du chou kale, dans un peu d'huile d'olive avec de l'ail émincé et 1 filet de jus de citron. À déguster en accompagnement ou à incorporer dans des pâtes avec de la feta, de l'huile d'olive et (encore) du citron !

## FANES DE CAROTTES

**1** | Utiliser les fanes dans des sauces, comme le tzatziki aux fanes de carottes, page 229.

**2** | Mixer les fanes en pesto (voir page 304).

**3** | Hacher les fanes pour préparer une sauce *chimichurri* (remplacer la moitié des herbes aromatiques par des fanes de carottes dans la recette de la page 283).

# ÉRO DÉCHET

## TIGES DE BROCOLI

**1** | Utiliser les tiges dans la majorité des recettes qui nécessitent du brocoli (sautés, pâtes, plats mijotés, etc.). Il suffit de couper les tiges en morceaux plus fins pour qu'elles deviennent tendres à la cuisson.

**2** | Réduire en purée toute la tête de brocoli pour en faire une soupe.

**3** | Râper finement les tiges ou les couper en spirales pour les ajouter dans des salades.

**4** | Mixer toute la tête de brocoli pour faire du « riz » de brocoli (voir les burritos au « riz » de brocoli et aux haricots noirs, page 149).

## TROGNON DE CHOU-FLEUR

**1** | Rôtir le chou-fleur entier, avec le trognon (voir le chou-fleur entier rôti au curcuma, page 187).

**2** | Préparer des « steaks » de chou-fleur en coupant des tranches dans le chou-fleur entier (voir les « steaks » de chou-fleur, *salsa verde* au citron, page 145).

**3** | Rôtir ou blanchir le trognon restant et l'utiliser comme épaississant dans les soupes.

## TIGES DE CORIANDRE

Ciseler les tiges et les ajouter à toutes les recettes qui nécessitent de la coriandre. Les tiges ont plus de goût que les feuilles, c'est pourquoi j'aime les utiliser dans les soupes (voir la soupe complète au lait de coco, à la patate douce et au chou kale, page 85) ou avec du riz (voir les burritos au « riz » de brocoli et aux haricots noirs, page 149).

## ÉPIS DE MAÏS

**1** | Égrener les épis de maïs, puis utiliser le dos de la lame d'un couteau éminceur pour racler le liquide laiteux qui reste sur les épis. L'incorporer dans les recettes de maïs en sauce telles que les soupes et les pâtes (voir les *pappardelle* crémeuses au maïs, page 167).

**2** | Utiliser les épis égrenés dans un bouillon de légumes d'été (voir le bouillon zéro déchet, page 106).

## TIGES DE CHOU KALE

**1** | Hacher finement les tiges et les utiliser dans toutes les recettes où l'on fait sauter le chou kale. Ajouter les tiges plus tôt dans le processus de cuisson pour qu'elles deviennent tendres.

**2** | Blanchir les tiges et les ajouter dans du pesto (remplacer les fanes de carottes par des tiges de chou kale blanchies dans la recette de la page 304).

**3** | Nos chiens adorent manger des tiges de chou kale hachées ; peut-être que les vôtres aussi !

## FANES DE RADIS

**1** | Faire sauter les fanes dans de l'huile d'olive avec de l'ail, du sel et du poivre et terminer par 1 filet de jus de citron.

**2** | Préparer la tarte au poireau et aux fanes de radis, page 181, qui utilise les radis en entier.

**3** | Incorporer les fanes sautées dans des omelettes. Elles sont délicieuses avec les œufs et leur saveur amère s'adoucit.

**4** | Blanchir les fanes et les incorporer à la sauce aux fanes de radis, page 221.

| LES MEILLEURS « DÉCHETS » POUR LES BOUILLONS | FANES DE CAROTTES, PÉDONCULES ET PELURES D'OIGNONS, FEUILLES DE CÉLERIS, PLUCHES ET TIGES DE FENOUILS, VERTS DE POIREAUX, TIGES D'HERBES AROMATIQUES |
|---|---|

Conservez ces « déchets » au congélateur jusqu'à ce que vous en ayez assez pour faire un bouillon (voir page 106) !

Boos Blocks
NSF

# MES FAVORIS

## LES USTENSILES DE CUISINE INCONTOURNABLES

**Un blender puissant**

J'adore mon Vitamix®. Lorsque je l'ai acheté, je n'imaginais pas qu'il allait révolutionner ma manière de cuisiner. Je l'utilise presque tous les jours pour préparer des smoothies, des sauces onctueuses sans produits laitiers et des veloutés. Il est particulièrement utile pour préparer mes *pappardelle* crémeuses au maïs (voir page 167), la sauce hollandaise végétale allégée pour mes œufs Bénédicte *caprese* (voir page 41), et la sauce au curry pour mon curry ensoleillé (voir page 193).

**Un bon couteau éminceur (ou « couteau de chef »)**

Il n'est pas nécessaire d'avoir le couteau le plus cher du marché, mais il faut avoir un couteau bien aiguisé, de bonne qualité et proportionné à la taille de votre main. J'ai de petites mains, j'utilise donc un couteau beaucoup plus petit que les couteaux de cuisine sophistiqués que l'on voit à la télévision.

**Une bonne planche à découper**

Une bonne planche à découper en bois sauvera vos couteaux. Au fil des ans, j'ai essayé de nombreux types de planches, et c'est ma grande planche en érable qui a le mieux résisté. J'aime utiliser une grande planche à découper pour pouvoir couper et préparer beaucoup de légumes à la fois !

**Une poêle en fonte**

J'utilise une poêle en fonte lorsque je veux que mes aliments soient bien saisis. Une poêle en fonte est très chaude, les champignons sont donc bien dorés sur le pourtour et les choux de Bruxelles sont bien grillés. J'adore préparer des frittatas avec cette poêle, car elle peut passer directement au four. C'est dans ce type de poêle que vous obtiendrez une socca aux bords croustillants, comme ma socca printanière (voir page 153). J'utilise une poêle Staub® de 26 cm de diamètre, et j'aime aussi leurs grandes cocottes pour les soupes et les plats mijotés.

**Une poêle gril en fonte**

J'adore faire des grillades à l'extérieur, mais une fois l'été terminé, il est tellement plus facile de cuisiner à l'intérieur avec une poêle gril en fonte. J'utilise la mienne pour colorer mes champignons dans mes sandwichs Reuben aux portobellos (voir page 169), ou pour mes brochettes arc-en-ciel de légumes d'été (voir page 163).

**Une poêle antiadhésive**

Une poêle antiadhésive est particulièrement utile pour la cuisson des œufs et des crêpes. Ma marque préférée est GreenPan® car la surface en céramique de ses poêles ne s'écaille pas, ce qui en fait des alternatives sûres et non toxique aux poêles antiadhésives plus anciennes en teflon.

**Un zesteur Microplane®**

Il y a beaucoup de zestes de citron dans ce livre, alors préparez votre zesteur !

**Une mandoline**

En plus de la cuisson, la coupe du légume peut le transformer complètement. Par exemple, vous n'apprécierez peut-être pas de gros morceaux de radis crus, mais coupés en fines rondelles, leur texture croquante est délicieuse. La mandoline est particulièrement utile pour la salade d'avocats et de fenouil, sauce sésame-gingembre (voir page 113) ou la salade de chou au tahini (voir page 225).

**Un robot moyen (et un petit)**

Les robots encombrants me rendent folle… C'est pourquoi les recettes de ce livre qui nécessitent un robot (par exemple, les falafels de lentilles corail au four, page 137, et les burgers aux pois chiches et à la harissa, page 173) peuvent être préparées avec un robot KitchenAid® de taille moyenne. Pour les pestos, sauces et salsas, je préfère utiliser un mixeur plus petit.

# CONSEILS

## POUR TOUS LES JOURS

**Préparer ses ingrédients en amont.** Il s'agit simplement de préparer et de couper tous les ingrédients, puis de les disposer sur le plan de travail avant de commencer à cuisiner. En prenant un peu de temps pour s'organiser, l'étape de la cuisson se déroule plus rapidement et plus facilement - vous ne laisserez pas brûler les oignons alors que vous êtes encore en train de couper du céleri.

**Mesurer précisément.** Pour les recettes de boulangerie et de pâtisserie, versez la farine progressivement dans un verre doseur, puis remuez-le doucement pour bien aplanir et garantir la précision de la mesure. Pour encore plus de précision, utilisez une balance. Si vous utilisez une quantité de farine trop importante, vous risquez d'obtenir un résultat trop dense et/ou sec.

**Cuisiner en grande quantité et congeler.** Les lentilles et les céréales se congèlent bien ! Si vous pouvez en cuire et en congeler une grande quantité en une seule fois, vous gagnerez du temps dans vos futures recettes. Voir page 38 pour ma méthode de congélation des céréales.

**Épicer selon ses goûts.** Selon le climat et la saison où ils sont cultivés, les piments comme les *jalapeños* et les *serranos* sont plus ou moins piquants. En fonction de leur fraîcheur, même les épices séchées comme le piment en poudre et les flocons de piment rouge séché sont plus ou moins piquantes. Si vous êtes sensible au piquant, mettez-en progressivement. Si vous aimez les choses pimentées, ajoutez-en plus !

**Goûter et rectifier l'assaisonnement.** Les légumes peuvent varier en taille, en fraîcheur, en teneur en eau et en saveur. Par exemple, une carotte achetée au marché peut avoir une saveur plus concentrée qu'une carotte achetée au supermarché. Chaque légume étant différent, il est préférable de toujours goûter un plat avant de le servir et de rectifier l'assaisonnement en fonction de vos goûts. Souvent, une pincée de sel supplémentaire et un peu de poivre font toute la différence.

## RECTIFIER L'ASSAI-SONNEMENT EN UN CLIN D'ŒIL

**Fade ?**
Ajoutez du sel, du poivre et éventuellement un peu plus d'acidité, comme 1 filet de jus de citron, de citron vert ou de vinaigre (selon la recette).

**Toujours fade ?**
Essayez d'ajouter une petite quantité des épices de la recette (cumin, coriandre, etc.), car la puissance des épices séchées peut considérablement varier.

**Trop acidulé ?**
Ajoutez 1 filet d'huile d'olive ou un peu de sucré : 1 pincée de sucre, 1 filet de sirop d'érable ou 1 goutte de miel.

**Trop piquant ?**
Ajoutez quelques gouttes de vinaigre blanc ou de riz.

**Encore trop piquant ?**
Ajoutez des matières grasses dans la recette (par exemple, de l'huile d'olive) et essayez d'ajouter un peu de sucré.

**Pas assez piquant ?**
Ajoutez du piment frais, des flocons de piment séché ou de la sauce *sriracha*.

# PETITS DÉJ'

CHAPITRE 1

# & BRUNCHS

½ CUP

# BISCUITS AU QUINOA FAÇON *BANANA BREAD*

**Voici un petit déjeuner équilibré sous forme de biscuits ! Ils sont moelleux, comme des muffins, et sans gluten, grâce à l'avoine. Avec la purée d'amande et le quinoa, ils contiennent même des protéines. J'aime bien en manger un et congeler le reste, pour avoir un petit déjeuner à la banane tous les jours !**

1 c. à soupe de graines de lin moulues
3 c. à soupe d'eau
100 g de farine d'avoine maison (voir page 61)
90 g de flocons d'avoine complets sans gluten
½ c. à café de levure chimique
½ c. à café de bicarbonate de soude
½ c. à café de cannelle moulue
½ c. à café de sel de mer
100 g de quinoa cuit (voir page 22)
35 g de noix, concassées
125 g de purée d'amande
80 g de sirop d'érable
1 banane moyenne, écrasée
1 c. à café d'extrait naturel de vanille
2 c. à soupe d'huile de coco fondue

Préchauffer le four à 180 °C et recouvrir une grande plaque à pâtisserie de papier sulfurisé.

Dans un petit bol, mélanger les graines de lin moulues et l'eau et laisser épaissir pendant environ 5 min.

Dans un saladier, mélanger la farine d'avoine, les flocons d'avoine complets, la levure chimique, le bicarbonate de soude, la cannelle et le sel. Ajouter le quinoa et les noix.

Dans un autre saladier, mélanger la purée d'amande, le sirop d'érable, la banane écrasée, l'extrait de vanille, l'huile de coco et le mélange de graines de lin épaissi. Fouetter jusqu'à ce que le tout soit bien mélangé.

Verser les ingrédients humides dans le saladier d'ingrédients secs et les incorporer jusqu'à ce qu'ils soient mélangés.

Former 12 boules de pâte sur la plaque à pâtisserie. Cuire au four pendant 20 à 22 min, ou jusqu'à ce que les biscuits soient légèrement dorés et croustillants. Laisser refroidir sur la plaque pendant 5 min, puis transférer sur une grille pour que les biscuits refroidissent complètement.

Lorsque les biscuits ont complètement refroidi, ils peuvent être conservés dans une boîte hermétique.

POUR 12 GROS BISCUITS | VEGAN & SANS GLUTEN

## ASTUCE

J'aime congeler le quinoa (voir page 38) afin d'avoir toujours du quinoa précuit sous la main. Laissez-le décongeler à température ambiante pendant environ 30 min après l'avoir sorti du congélateur.

**POUR UNE VERSION VEGAN**

Dans un bol, fouetter 2 c. à soupe de graines de lin moulues avec 6 c. à soupe d'eau. Laisser épaissir pendant 5 min, puis ajouter au mélange humide à la place des œufs. Ajouter 1 c. à café supplémentaire de levure chimique pour aider les pancakes à lever.

# PANCAKES À LA SEMOULE DE MAÏS ET AU CITRON

**Mon obsession pour les pancakes au citron a commencé à l'université, presque par accident. Ma colocataire et moi lisions le dos de la boîte de préparation pour pancakes, et il était indiqué d'ajouter du citron pour obtenir des pancakes délicieux. La différence était subtile, mais elle a changé ma vie. C'est la première fois que j'ai pris conscience du pouvoir qu'avait le citron en cuisine. Peut-être est-ce là le véritable point de départ de *Love & Lemons* ? Depuis, j'ai abandonné les préparations en boîte et je fais des pancakes maison avec de la semoule de maïs fine et de la farine de blé semi-complète (ou T 110). Comme j'aime les pancakes très citronnés, je presse un peu de citron dessus avant d'y verser le sirop d'érable.**

210 g de farine de blé T 110*
75 g de semoule de maïs fine
2 c. à soupe de sucre de canne blond
2 c. à café de levure chimique
1 c. à café de bicarbonate de soude
½ c. à café de sel de mer
360 ml de boisson végétale d'amande
1 c. à soupe de zeste de citron bio
2 c. à soupe de jus de citron frais, plus un peu pour verser sur les pancakes
2 gros œufs
60 ml d'huile d'olive vierge extra, plus un peu pour la poêle

**Pour servir**

Sirop d'érable
Beurre (facultatif)
Fruits au choix (facultatif)

** Ou 120 g de farine de blé tous usages plus 90 g de farine de blé T 110.*

Dans un saladier, mélanger la farine, la semoule de maïs fine, le sucre, la levure chimique, le bicarbonate de soude et le sel.

Dans un autre saladier, mélanger au fouet la boisson végétale d'amande, le zeste de citron, le jus de citron, les œufs et l'huile d'olive jusqu'à ce que le mélange soit légèrement mousseux.

Verser les ingrédients humides sur les ingrédients secs et remuer jusqu'à ce qu'ils soient mélangés. Ce n'est pas grave s'il reste quelques grumeaux.

Faire chauffer une poêle antiadhésive à feu moyen. Badigeonner la poêle d'un peu d'huile d'olive et verser la pâte à l'aide d'une louche. Faire cuire les pancakes jusqu'à ce que le dessous soit doré et que des bulles apparaissent sur le dessus (il n'y aura pas autant de bulles dans la version vegan), environ 2 min, en baissant le feu au minimum si nécessaire. Retourner les pancakes et les faire cuire 2 min supplémentaires. Je vous conseille de faire un pancake test pour déterminer le bon temps de cuisson et la bonne température pour la poêle, car ceux-ci varient en fonction de vos plaques de cuisson et de vos ustensiles. Servir les pancakes avec 1 filet de jus de citron, du sirop d'érable, du beurre et des fruits, si vous le souhaitez.

POUR 12 PANCAKES • 4 PERSONNES

**ASTUCE** Ces pancakes se congèlent très bien !

## COMMENT CONGELER DU QUINOA ET DES CÉRÉALES

J'aime avoir des céréales congelées sous la main pour gagner du temps lorsque je prépare mes recettes préférées. Avec du quinoa précuit, je peux préparer rapidement mes biscuits au quinoa façon *banana bread* (voir page 35) ou mes bowls de quinoa au miso, chou kale et œufs (voir page 45). Lorsque je prépare mon curry ensoleillé (voir page 193) et mon *saag paneer* au yaourt à la grecque (voir page 185), il me suffit de réchauffer du riz congelé pour accompagner. Le farro est une autre céréale idéale à congeler, et vous pouvez l'ajouter dans des accompagnements faciles à préparer parsemés d'herbes aromatiques (voir la recette de patate douce rôtie, farro et tahini, page 219).

Congeler des céréales, c'est simple ! Voici comment procéder.

**1.** Cuire les céréales selon les instructions de la page 22 et les laisser refroidir légèrement.

**2.** Les étaler en une fine couche sur une plaque à four recouverte de papier sulfurisé.

**3.** Placer la plaque à four au congélateur. Congeler pendant au moins 2 h, ou jusqu'à ce que les céréales soient entièrement congelées.

**4.** Retirer la plaque du congélateur et transférer les céréales congelées dans un récipient allant au congélateur.

Pour décongeler : laisser reposer à température ambiante pendant 30 min ou jusqu'à décongélation. Utiliser les céréales immédiatement dans des plats froids, ou les réchauffer doucement pour les ajouter à des recettes chaudes.

# ŒUFS BÉNÉDICTE *CAPRESE* AVEC SAUCE HOLLANDAISE VÉGÉTALE ALLÉGÉE

**J'aime tellement la salade *caprese* que j'ai décidé d'en faire un petit déjeuner. Les tomates, le basilic et un œuf poché (à la place de la mozzarella) sont délicieux sur des muffins grillés. Mais la véritable star de cette recette est la sauce. La sauce hollandaise traditionnelle, bien que délicieuse, est trop riche et trop difficile à préparer à la maison. Ma version crémeuse et acidulée à base de noix de cajou est facile à préparer au blender et peut être conservée au réfrigérateur pendant plusieurs jours.**

8 rondelles de tomates
1 filet de vinaigre balsamique
8 œufs (voir page 60)
4 muffins, grillés
8 grandes feuilles de basilic frais
4 c. à café de ciboulette fraîche, ciselée
Sel de mer et poivre noir du moulin

**Sauce hollandaise végétale allégée**

75 g de noix de cajou crues
60 ml d'eau
2 c. à soupe d'huile d'olive vierge extra
2 c. à café de jus de citron frais
¼ de c. à café de moutarde de Dijon
½ gousse d'ail
1 pincée de curcuma moulu
¼ de c. à café de sel de mer
Poivre noir du moulin

Placer les rondelles de tomates sur une assiette, les arroser de vinaigre balsamique, saler et poivrer. Réserver.

Préparer la sauce hollandaise aux noix de cajou : à l'aide d'un blender, mixer les noix de cajou, l'eau, l'huile d'olive, le jus de citron, la moutarde, l'ail, le curcuma, le sel et un peu de poivre noir jusqu'à obtenir une sauce lisse. Transférer dans un saladier et réserver. La sauce peut être préparée à l'avance et conservée au réfrigérateur.

Pocher les œufs (voir page 60).

Au moment de servir, vérifier la consistance de la sauce : elle doit être épaisse mais suffisamment liquide pour être versée (si nécessaire, ajouter un tout petit peu d'eau).

Déposer dans chaque assiette 2 moitiés de muffin grillé et garnir chaque moitié avec 1 rondelle de tomate, 1 feuille de basilic, 1 œuf poché et un généreux filet de sauce hollandaise. Assaisonner de sel et de poivre, garnir de ciboulette fraîche et servir.

**POUR 4 PERSONNES**

**POUR UNE VERSION VEGAN**
Utiliser du tofu fumé cuit au four à la place de l'œuf.

**POUR UNE VERSION SANS GLUTEN**
Utiliser des muffins ou des toasts sans gluten.

# TOFU BROUILLÉ À LA COURGE JAUNE ET AU CURCUMA

**Avant de tourner la page parce que vous pensez que vous n'aimez pas le tofu, testez cette recette ! Véritable éponge à saveurs, le tofu a besoin de beaucoup d'assaisonnements pour être mis en valeur. Dans cette recette, le cumin et le curcuma ajoutent des saveurs, la moutarde de Dijon donne un léger goût d'œuf, et le mélange de boisson végétale d'amande et de levure maltée permet d'obtenir une brouillade crémeuse et soyeuse. La courge jaune, dont la couleur rappelle celle des œufs brouillés, ajoute une touche végétale à ce petit déjeuner.**

120 ml de boisson végétale d'amande
2 c. à soupe de levure maltée
2 gousses d'ail, finement hachées
¼ de c. à café de curcuma moulu
¼ de c. à café de cumin moulu
¼ de c. à café de moutarde de Dijon
1 c. à soupe d'huile d'olive vierge extra
½ oignon jaune moyen, coupé en dés
1 petite courge jaune d'hiver, coupée en dés
340 g de tofu extra-ferme, pressé et émietté
1 poivron rouge grillé en bocal, coupé en dés
Sel de mer et poivre noir du moulin

**Pour servir**

1 avocat, tranché
1 quartier de citron, pour le presser
Flocons de piment rouge séché
8 tortillas, chauffées
Graines germées (facultatif)
Sel de mer

Dans un saladier, mélanger au fouet la boisson végétale d'amande, la levure maltée, l'ail, le curcuma, le cumin, la moutarde et ¼ de c. à café de sel. Réserver.

Faire chauffer l'huile d'olive dans une grande poêle à feu moyen. Ajouter l'oignon, la courge et quelques généreuses pincées de sel et de poivre, et faire cuire jusqu'à ce que les légumes soient tendres, environ 5 min. Ajouter le tofu et le poivron rouge et faire cuire pendant 3 à 5 min, jusqu'à ce que le tofu soit bien chaud. Baisser sur feu doux et incorporer le mélange à base de boisson végétale d'amande. Cuire 3 min, en remuant de temps en temps, puis retirer du feu. Assaisonner à votre convenance.

Assaisonner les tranches d'avocat de 1 filet de jus de citron ainsi que de 1 pincée de sel et de flocons de piment. Servir avec le tofu brouillé, avec des tortillas et des graines germées (si vous en utilisez).

POUR 4 PERSONNES | VEGAN | POUR UNE VERSION SANS GLUTEN
Utiliser des tortillas de maïs

**ASTUCE**

Contrairement aux brouillades à base d'œufs, cette brouillade se conserve très bien au réfrigérateur. Réchauffez les restes et préparez des tacos pour le petit déjeuner tout au long de la semaine.

# BOWLS DE QUINOA AU MISO, CHOU KALE ET ŒUFS

**Ce plat est inspiré d'un bowl petit déjeuner que j'ai mangé dans un restaurant appelé Egg Shop, à New York. Alors que nous regardions le menu, Jack a pointé du doigt un bowl dont la description indiquait « quinoa, chou kale, avocat et œufs » et a dit : « Je sais ce que tu vas prendre. » J'ai tellement aimé ce bowl que, dès notre retour à la maison, j'ai imaginé cette version pour le petit déjeuner, vaguement inspirée de ses saveurs. Il est très simple à préparer, et le jus de citron, le miso et la moutarde de Dijon apportent vraiment du punch. Vous allez adorer manger du chou kale au petit déjeuner !**

1 c. à soupe de miso blanc
3 c. à soupe d'eau
1 c. à soupe de jus de citron frais
¼ de c. à café de moutarde de Dijon
Huile d'olive vierge extra, pour la cuisson
2 c. à soupe de cébettes (ou cives), émincées
5 feuilles de chou kale, tiges émincées, feuilles hachées, séparées
300 g de quinoa cuit (voir page 22)
1 c. à soupe d'aneth, ciselé
2 œufs
1 radis rouge, coupé en fines rondelles
½ avocat, tranché
Graines germées (facultatif)
1 pincée de flocons de piment rouge séché (facultatif)
Sel de mer et poivre noir du moulin

Dans un saladier, mélanger au fouet le miso, l'eau, le jus de citron et la moutarde.

Placer une grande poêle antiadhésive sur feu moyen, et enduire légèrement le fond avec 1 filet d'huile d'olive. Ajouter les cébettes, les tiges de chou kale et le quinoa et faire cuire pendant 3 min, en remuant, jusqu'à ce que les cébettes et les tiges de chou kale soient tendres et que le quinoa soit légèrement grillé. Ajouter les feuilles de chou kale, 1 pincée de sel et 1 pincée de poivre, et mélanger environ 1 min.

Incorporer l'aneth.

Préparer 2 œufs mollets (voir page 60). Répartir le mélange de chou kale et de quinoa dans 2 bols. Arroser avec la moitié de la sauce au miso. Garnir avec les œufs mollets, du radis, de l'avocat, des graines germées et des flocons de piment (si vous en utilisez). Arroser avec le reste de la sauce.

POUR 2 PERSONNES

POUR UNE VERSION VEGAN
Supprimer l'œuf.

SANS GLUTEN

**ASTUCE**

Cette recette est idéale pour utiliser les restes de quinoa que vous avez sous la main.

# PAIN PERDU AUX FRAISES AU FOUR

**C'est la recette parfaite pour un brunch facile le week-end. Une bonne dose d'épices – cannelle, muscade, gingembre, cardamome – et une touche de poivre noir (vous ne sentirez pas le poivre, je vous le promets !) rendent cette recette délicieuse. Si ce n'est pas la saison des fraises, vous pouvez utiliser des fruits rouges surgelés.**

1 c. à café d'huile de coco fondue, plus un peu pour graisser le plat à four

3 gros œufs

180 ml de boisson végétale d'amande

1 c. à soupe de sirop d'érable, plus un peu pour servir

1 c. à soupe de cannelle moulue

½ c. à café de noix de muscade moulue

½ c. à café de gingembre moulu

¼ de c. à café de cardamome moulue

1 pincée de sel de mer

1 pincée de poivre noir du moulin

10 tranches (2,5 cm d'épaisseur) de hallah (pain du shabbat juif), de brioche ou de pain au lait, coupées en cubes

500 g de fraises, équeutées et coupées en 2

30 g d'amandes effilées

Préchauffer le four à 200 °C et graisser un plat à four de 20 x 30 cm (ou similaire) avec de l'huile de coco.

Dans un saladier, mélanger les œufs, la boisson végétale d'amande, le sirop d'érable, la cannelle, la noix de muscade, le gingembre, la cardamome, le sel et le poivre. Battre jusqu'à ce que le mélange soit homogène. Ajouter les cubes de pain et la moitié des fraises et mélanger pour les enrober. Verser le mélange dans le plat à four et recouvrir du reste des fraises et des amandes effilées. Verser l'huile de coco sur le dessus et cuire au four pendant 18 min, ou jusqu'à ce que le dessus des cubes de pain soit légèrement doré.

Retirer du four et servir avec du sirop d'érable.

POUR 6 PERSONNES

**ASTUCE**

Si votre polenta devient trop épaisse, ajoutez de l'eau et/ou quelques gouttes d'huile d'olive pour obtenir la consistance souhaitée.

# BOWLS DE POLENTA SAUCE *CHIMICHURRI*

**Les Anglo-Saxons raffolent des *overnight porridges* (porridges aux flocons d'avoine sans cuisson) ; voici ma version avec de la polenta. Elle est vraiment rapide à préparer. Cette recette est idéale pour utiliser des restes de légumes rôtis et de sauces (*chimichurri* et harissa, par exemple) que vous avez sous la main.**

150 g de polenta fine

240 ml d'eau

1 botte de broccolini (ou 1 petite tête de brocoli), coupée en morceaux de 2,5 cm, y compris les tiges

1 petite patate douce, coupée en morceaux

1 panais, coupé en morceaux de 1 cm

Huile d'olive vierge extra, pour arroser les légumes

480 ml de boisson végétale d'amande

Sel de mer et poivre noir du moulin

**Sauce *chimichurri***

80 ml d'huile d'olive vierge extra

3 c. à soupe de vinaigre de vin blanc

1 gousse d'ail, finement hachée

½ c. à café de flocons de piment rouge séché

¼ de c. à café de paprika fumé

½ c. à café de sel de mer

Les feuilles de ¼ de bouquet de persil frais, ciselées

¼ de c. à café d'origan séché

**Pour servir**

Harissa maison (voir page 281) ou du commerce (facultatif)

Graines germées (facultatif)

Préparer la polenta : mettre la polenta dans un grand bocal ou un saladier, verser l'eau et mettre au réfrigérateur pendant 15 min.

Préchauffer le four à 220 °C et recouvrir 2 plaques à four de papier sulfurisé.

Placer le broccolini sur une plaque et la patate douce ainsi que le panais sur l'autre. Arroser les légumes d'huile d'olive et mélanger. Saler, poivrer et mélanger à nouveau les légumes. Faire rôtir la patate douce et le panais pendant 20 à 25 min, ou jusqu'à ce que les bords soient dorés. Faire rôtir le broccolini pendant 10 à 12 min.

Préparer la sauce *chimichurri* : dans un bol, mélanger l'huile d'olive, le vinaigre, l'ail, les flocons de piment, le paprika fumé, le sel, le persil et l'origan.

Verser la polenta ainsi que l'eau dans laquelle elle a trempé dans une casserole moyenne, ajouter la boisson végétale d'amande et ½ c. à café de sel en fouettant et porter à ébullition. Baisser à feu doux et cuire, en fouettant de temps en temps, pendant 7 à 10 min, ou jusqu'à épaississement.

Dresser dans des assiettes creuses de la polenta, des légumes rôtis, 1 filet de sauce *chimichurri* et 1 filet de harissa (si vous le souhaitez). Saler et poivrer à votre convenance. Garnir de graines germées (si vous en utilisez) et servir.

POUR 4 PERSONNES | VEGAN & SANS GLUTEN

# GAUFRES À LA FARINE DE SARRASIN ET D'AMANDE

**Le sarrasin n'est pas une céréale ! Il s'agit en fait d'une graine qui ressemble à une céréale, et sa farine contient plus de protéines et de nutriments que la plupart des farines de blé. Cette recette est sans gluten et c'est l'une de mes préférées. Je recommande d'utiliser un gaufrier pour ces gaufres et de les faire cuire 1 ou 2 min de plus que des gaufres à base de farine de blé – elles sont meilleures lorsque les bords sont croustillants.**

360 ml de boisson végétale d'amande, à température ambiante
1 ½ c. à soupe de vinaigre de cidre
2 c. à soupe de sirop d'érable
2 c. à soupe d'huile de coco fondue
1 c. à café d'extrait naturel de vanille
110 g de farine d'amande
110 g de farine de sarrasin
2 ½ c. à café de levure chimique
2 c. à soupe de graines de lin moulues
2 c. à café de cannelle moulue
½ c. à café de noix de muscade moulue
1 c. à café de sel de mer

**Pour servir**

Sirop d'érable
Fruits
Beurre ou yaourt (facultatif)

**Remarque :** *si vous ne mangez pas de gluten, assurez-vous que les farines de sarrasin et d'amande sont toutes deux fabriquées dans des infrastructures certifiées sans gluten.*

Préchauffer le gaufrier.

Dans un saladier, mélanger la boisson végétale d'amande, le vinaigre de cidre, le sirop d'érable, l'huile de coco et l'extrait de vanille.

Dans un autre saladier, mélanger la farine d'amande, la farine de sarrasin, la levure chimique, les graines de lin, la cannelle, la noix de muscade et le sel.

Verser le mélange liquide dans le saladier d'ingrédients secs et mélanger jusqu'à obtenir une pâte homogène. Laisser reposer la pâte pendant 1 min pour qu'elle épaississe.

Verser la pâte dans le gaufrier et faire cuire pendant 5 min ou selon les instructions de votre gaufrier. Je fais habituellement cuire les gaufres pendant 4 min, mais celles-ci ont besoin de 5 min pour bien cuire et devenir croustillantes à l'extérieur.

Servir avec du sirop d'érable, des fruits et du beurre ou du yaourt selon les goûts.

**POUR 4 PERSONNES**

**POUR UNE VERSION VEGAN**
**Ne pas servir avec du beurre ou du yaourt.**

**SANS GLUTEN**

**ASTUCE** Préparez les pickles la veille ou jusqu'à 2 semaines à l'avance.

# BANH MI

**Le *banh mi* a quelque chose d'irrésistible. C'est l'un de mes sandwichs préférés pour le déjeuner, alors je me suis dit : pourquoi ne pas en faire un pour le petit déjeuner ? Au lieu d'une garniture à base de viande ou de tofu, cette version est composée d'une omelette moelleuse et de champignons sautés à la citronnelle. Les pickles acidulés sont essentiels ici – pour un petit déjeuner plus rapide, préparez-les quelques jours à l'avance.**

**Pickles pour *banh mi***

1 radis daikon moyen, pelé et coupé en allumettes (200 g)
1 petite carotte, coupée en allumettes
1 mini-concombre, coupé en allumettes
½ piment *jalapeño*, émincé (facultatif)
120 ml de vinaigre de riz
1 pincée de sucre
1 pincée de sel

**Sandwichs**

2 c. à café d'huile d'olive vierge extra
230 g de champignons shiitakés, pieds retirés, coupés en tranches
1 bâton de citronnelle, partie intérieure tendre, émincée
1 c. à café de vinaigre de riz
6 gros œufs, battus
4 petites ciabattas ou morceaux de baguette (12 cm de long)
Mayonnaise, pour tartiner
Sauce *sriracha*, pour arroser
Les feuilles de quelques brins de coriandre fraîche grossièrement hachées
Sel de mer

Préparer les pickles : mettre le daikon, la carotte, le concombre et le piment *jalapeño* (si vous en utilisez) dans un bocal hermétique juste assez grand pour contenir les légumes. Ajouter le vinaigre de riz, le sucre et le sel et agiter doucement. Si nécessaire, ajouter de l'eau pour que le liquide recouvre tout juste les légumes et agiter à nouveau. Tasser délicatement les légumes dans le bocal et mettre au réfrigérateur pendant au moins 1 h. Conserver au réfrigérateur jusqu'à 2 semaines.

Préparer les sandwichs : dans une poêle, faire chauffer l'huile d'olive à feu moyen. Ajouter les champignons et 1 pincée de sel, et mélanger. Cuire jusqu'à ce qu'ils soient dorés et tendres, 6 à 8 min, en remuant de temps en temps. Ajouter la citronnelle puis le vinaigre de riz. Transférer la préparation sur une assiette et réserver.

Dans une grande poêle antiadhésive placée sur feu moyen, verser la moitié des œufs battus et saler. Cuire jusqu'à ce que le centre commence à prendre, environ 2 min. Plier l'omelette en 3 pour lui donner une forme rectangulaire. Laisser l'omelette dans la poêle chaude pendant 30 s supplémentaires. Retirer l'omelette de la poêle et répéter l'opération avec les œufs restants pour obtenir une seconde omelette. Couper chaque omelette en 2 dans le sens de la longueur.

Assembler les sandwichs : couper les pains horizontalement, mais pas jusqu'au bout. Tartiner un côté du pain de mayonnaise et ajouter 1 filet de sauce *sriracha*. Recouvrir d'une demi-omelette, de champignons, de pickles et de coriandre. Servir avec un supplément de sauce *sriracha* sur le côté, si souhaité.

**POUR 4 PERSONNES**

**POUR UNE VERSION VEGAN**

**Doubler la quantité de champignons, supprimer l'œuf et remplacer la mayonnaise par de la mayonnaise vegan.**

# BISCUITS À LA PATATE DOUCE ET À LA SAUGE

**Voici comment se passe la cuisine dans notre couple : c'est moi qui m'en occupe la plupart du temps, mais Jack adore se salir les mains (et le sol) en faisant de la pâtisserie. C'est un fanatique de biscuits et moi de patates douces, alors si je devais choisir une recette qui représente notre relation, ce serait probablement celle-ci. Servez ces biscuits avec des œufs brouillés ou du tofu brouillé (voir page 43) pour un petit déjeuner équilibré, ou avec de la confiture pour le goûter. Ils sont meilleurs à la sortie du four, mais ils se congèlent aussi très bien.**

La chair de 1 patate douce moyenne, cuite et refroidie*

80 ml de boisson végétale d'amande

1 c. à café de vinaigre de cidre

240 g de farine de blé tous usages, plus un peu pour travailler la pâte

1 c. à soupe de sucre de canne blond

1 c. à soupe de levure chimique

½ c. à café de bicarbonate de soude

½ c. à café de sel de mer

65 g d'huile de coco molle, durcie et coupée en petits morceaux**

8 à 10 feuilles de sauge

1 c. à café d'huile de coco fondue, pour badigeonner les biscuits

** Préparer la patate douce : piquer la patate douce avec une fourchette et la faire rôtir au four à 220 °C pendant 1 h, ou jusqu'à ce qu'elle soit molle. Retirer la chair tendre et la mettre au frais avant de l'ajouter à la pâte.*

*** Peser l'huile de coco lorsqu'elle est fondue puis la placer dans un saladier et la mettre au congélateur pendant 15 min pour qu'elle soit plus facile à travailler. Utiliser un couteau d'office pour la couper en petits morceaux.*

Préchauffer le four à 220 °C et recouvrir une plaque à pâtisserie de papier sulfurisé.

Dans un saladier, mélanger la chair de patate douce, la boisson végétale d'amande et le vinaigre de cidre.

Dans un robot, mettre la farine, le sucre, la levure chimique, le bicarbonate de soude et le sel et mixer plusieurs fois par impulsions. Ajouter l'huile de coco durcie et les feuilles de sauge et mixer par impulsions jusqu'à ce que l'huile de coco soit mélangée. Ajouter le mélange à base de patate douce et mixer jusqu'à ce que la pâte forme une boule. Retirer la pâte du robot et la placer sur une surface farinée. Pétrir légèrement, en ajoutant de la farine si nécessaire pour éviter que la pâte ne colle, et étaler la pâte en un disque d'environ 2 cm d'épaisseur. Utiliser un petit verre ou un emporte-pièce rond de 5 à 8 cm pour découper les biscuits. Former un autre petit disque avec les restes de pâte et découper d'autres biscuits.

Placer les biscuits sur la plaque à pâtisserie, les badigeonner avec l'huile de coco fondue et les faire cuire au four pendant 12 à 13 min ou jusqu'à ce qu'ils soient gonflés et dorés.

POUR 9 À 12 BISCUITS | VEGAN

**POUR UNE VERSION VEGAN**

Pour remplacer les œufs, mélanger 2 c. à soupe de graines de lin moulues et 2 c. à soupe d'eau et laisser épaissir pendant 5 min avant d'ajouter aux ingrédients liquides.

# MUFFINS À L'AVOINE, AUX POMMES ET À LA CANNELLE

**Pour moi, une bonne semaine commence avec une réserve de ces muffins au congélateur. Grâce à leur texture moelleuse et à leur saveur de muscade et de cannelle, j'ai hâte de commencer ma journée. Il ne s'agit pas de gros muffins de boulangerie, mais de délicieux muffins de tous les jours, et l'on ne se sent pas coupable d'en manger un (ou deux) au petit déjeuner.**

125 g de farine d'avoine maison (voir page 61)
55 g de farine d'amande
30 g d'arrow-root
2 c. à café de cannelle moulue
½ c. à café de noix de muscade moulue
1 c. à café de levure chimique
½ c. à café de bicarbonate de soude
½ c. à café de sel de mer
2 gros œufs
160 ml de boisson végétale d'amande
105 g de sirop d'érable
80 ml d'huile d'olive vierge extra
1 c. à soupe de vinaigre de cidre
1 c. à café d'extrait naturel de vanille
1 grosse pomme, coupée en petits dés, plus des tranches pour garnir
65 g de noix, concassées
20 g de flocons d'avoine complets sans gluten, pour garnir (facultatif)

Préchauffer le four à 180 °C et graisser légèrement un moule pour 12 muffins.

Dans un saladier, mélanger la farine d'avoine, la farine d'amande, l'arrow-root, la cannelle, la noix de muscade, la levure chimique, le bicarbonate de soude et le sel.

Dans un autre saladier, fouetter les œufs, la boisson végétale d'amande, le sirop d'érable, l'huile d'olive, le vinaigre de cidre et l'extrait naturel de vanille.

Verser les ingrédients liquides dans le saladier des ingrédients secs et mélanger (mais pas trop). Ajouter les dés de pomme et les noix. Répartir la pâte dans le moule à muffins. Garnir de tranches de pomme et de flocons d'avoine (si vous en utilisez).

Cuire au four pendant 18 min, ou jusqu'à ce que les muffins soient moelleux. Laisser refroidir pendant 10 min, puis démouler et placer sur une grille pour laisser refroidir complètement.

**POUR 12 MUFFINS** | **SANS GLUTEN**

## VARIANTE

**AU BLÉ COMPLET**

**Utiliser 210 g de farine de blé T 110 à la place de la farine d'avoine, de la farine d'amande et de l'arrow-root.**

# OVERNIGHT PORRIDGES À LA PÊCHE

**Il m'a fallu un certain temps avant d'adopter les *overnight porridges*, car durant une année universitaire, j'ai mangé des flocons d'avoine au petit déjeuner, au déjeuner et parfois au dîner, tous les jours (hé, ce n'était pas cher !). Ce n'est que récemment que j'ai donné une chance aux *overnight porridges*, et je les adore ! Leur texture est moins pâteuse que celle des flocons d'avoine cuits dans une casserole, ou que celle des flocons d'avoine cuits au micro-ondes que je mangeais à l'université. Garni d'une pêche juteuse et de granola croustillant, ce petit déjeuner me donne envie de me lever le matin.**

90 g de flocons d'avoine complets sans gluten

240 ml de boisson végétale d'amande

¼ de c. à café de cannelle moulue

1 pêche mûre, dénoyautée et coupée en dés

Sirop d'érable, pour servir (facultatif)

**Granola (il vous en restera)**

90 g de flocons d'avoine complets sans gluten

30 g de noix, concassées

1 c. à café de cannelle moulue

¼ de c. à café de sel de mer

1 c. à soupe d'huile de coco, fondue

2 c. à soupe de sirop d'érable

1 c. à soupe de purée d'amande

Répartir les flocons d'avoine, la boisson végétale d'amande et la cannelle dans 2 bocaux de 450 g et mélanger. Mettre au réfrigérateur toute la nuit.

Préparer le granola : préchauffer le four à 150 °C et recouvrir une plaque à pâtisserie de papier sulfurisé.

Dans un saladier, mélanger les flocons d'avoine, les noix, la cannelle et le sel. Ajouter l'huile de coco et le sirop d'érable en filet, puis la purée d'amande. Remuer jusqu'à ce que le tout soit mélangé. Répartir le granola sur la plaque à pâtisserie et presser le mélange en un cercle de 2,5 cm d'épaisseur. Cela favorisera l'agglutination. Faire cuire pendant 15 min, tourner la plaque et utiliser une fourchette pour briser délicatement le granola. Faire cuire 15 min supplémentaires ou jusqu'à ce que le granola soit doré. Laisser refroidir pendant 15 min avant de servir.

Le matin, garnir chaque bocal avec la moitié de la pêche, 1 c. à soupe de granola et 1 filet de sirop d'érable (si vous en utilisez). Conserver le reste du granola dans un contenant hermétique.

POUR 2 PERSONNES | VEGAN & SANS GLUTEN

**ASTUCE**

Préparez cette recette avec des pommes en automne, des fraises ou des framboises au printemps, ou des fruits surgelés à tout moment de l'année !

## COMMENT PRÉPARER DES ŒUFS MOLLETS

**1.**

Remplir une casserole de taille moyenne d'eau et la faire chauffer jusqu'à un léger frémissement, juste en dessous du point d'ébullition. À l'aide d'une écumoire, plonger délicatement les œufs dans l'eau et les faire cuire pendant 7 min.

**2.**

Retirer les œufs et les refroidir immédiatement dans un saladier d'eau glacée pendant 3 min.

**3.**

Une fois les œufs refroidis, tapoter chaque œuf pour casser un peu la coquille.

**4.**

Glisser délicatement une petite cuillère à l'intérieur et autour de l'œuf pour le détacher et le retirer de la coquille.

## COMMENT PRÉPARER DES ŒUFS POCHÉS

Casser le premier œuf dans un bol.

Faire chauffer une casserole d'eau de taille moyenne jusqu'à ce que des bulles se forment au fond de la casserole, mais que l'eau ne soit pas encore bouillante. Ajouter quelques gouttes de vinaigre blanc. Remuer l'eau de façon à créer un mouvement circulaire.

Déposer délicatement l'œuf dans l'eau, remuer encore une fois l'eau doucement, puis régler le minuteur sur 4 min.

Sortir l'œuf de l'eau à l'aide d'une cuillère. Vérifier la cuisson de l'œuf pour déterminer s'il faut augmenter ou diminuer le temps de cuisson. Répéter ces opérations avec les autres œufs. Si vous êtes à l'aise avec la technique, vous pouvez pocher 2 œufs à la fois !

## FAIRE DE LA FARINE D'AVOINE MAISON

Il n'est pas nécessaire d'acheter
de la farine d'avoine du commerce
quand on peut en faire soi-même !

**1.** Placer des flocons d'avoine complets dans la cuve d'un robot.

**2.** Mixer jusqu'à obtenir une farine fine, en faisant des pauses de temps en temps.

**3.** Conserver la farine dans un récipient hermétique, dans un endroit frais et sec.

**À utiliser dans ces recettes
qui nécessitent de la farine d'avoine :**

Biscuits au quinoa façon *banana bread*, page 35
Muffins à l'avoine, aux pommes et à la cannelle, page 57
Brownie aux dattes, page 245
*Snickerdoodles* au beurre de cacahuète, page 251

*Pour obtenir 100 g de farine d'avoine,
il faut environ 120 g de flocons d'avoine complets.*

6 RECETTES À BASE

# D'ŒUFS BROUILLÉS

POUR 2 PERSONNES

**INSTRUCTIONS DE BASE :** battre 4 gros œufs dans un saladier avec 1 pincée de sel de mer et 1 pincée de poivre noir du moulin. En suivant les instructions de chaque recette, utiliser une spatule en caoutchouc pour brouiller les œufs. Conseil : retirer les œufs de la poêle lorsqu'ils sont encore légèrement baveux pour obtenir une brouillade crémeuse et soyeuse.

*Assaisonnez les œufs de sel et de poivre à votre convenance !*

## 1 MIGAS

Faire chauffer **½ c. à café d'huile d'olive** dans une petite poêle. Faire revenir **2 c. à soupe de dés d'oignon rouge** pendant 1 min puis ajouter les **œufs**. Ajouter **80 g de *pico de gallo* express** (voir page 305) et mélanger régulièrement. Transférer dans des assiettes et garnir de **½ tortilla cuite** coupée en lanières et de **coriandre ciselée.**

## 2 ŒUFS AUX CHAMPIGNONS

Faire chauffer **½ c. à café d'huile d'olive** dans une petite poêle à feu moyen. Ajouter les **œufs**, puis **de 10 à 15 champignons sautés**. Mélanger régulièrement, puis transférer dans des assiettes et garnir d'**estragon** et de **ciboulette** frais ciselés.

## 3

### ŒUFS PRINTANIERS

Incorporer **¼ de c. à café de moutarde de Dijon** aux **œufs** battus. Chauffer **½ c. à café d'huile d'olive** dans une petite poêle et faire sauter **12 asperges vertes** émincées pendant 2 min. Ajouter les **œufs** et mélanger régulièrement. Transférer dans des assiettes et garnir d'**aneth** frais et de quelques **pousses de pois**.

## 4

### RÉCOLTE D'AUTOMNE

Faire chauffer **½ c. à café d'huile d'olive** dans une petite poêle. Ajouter **2 c. à soupe de cébettes** (ou cives) émincées et faire sauter pendant 1 min. Ajouter les **œufs**, puis **70 g de cubes de patate douce rôtis** et **1 c. à soupe de sauge ciselée**. Mélanger régulièrement, puis recouvrir de **30 g de feta** émiettée.

## 5

### ŒUFS AUX LÉGUMES VERTS

Faire chauffer **½ c. à café d'huile d'olive** dans une petite poêle à feu moyen. Ajouter **2 c. à soupe de cébettes** (ou cives) émincées ainsi que **125 g de chou kale** finement haché et faire sauter pendant 2 min. Ajouter les **œufs**, mélanger régulièrement, puis transférer dans des assiettes et garnir de **pesto à la menthe** (voir page 303) et de **graines germées**.

## 6 ŒUFS À LA MEXICAINE

Faire chauffer **½ c. à café d'huile d'olive** dans une petite poêle à feu moyen. Ajouter **2 c. à soupe de dés d'oignon rouge**, **35 g de poivron haché** et **45 g de haricots rouges cuits** (voir page 23) et faire sauter pendant 2 min. Ajouter les **œufs**, mélanger régulièrement, puis garnir de **morceaux d'avocat** et de **1 filet de jus de citron vert**.

# EN & EN

CHAPITRE **2**

# CAS TRÉES

# CARPACCIO DE COURGETTES ET DE RADIS EN *CROSTINI*

**Les deux questions qui me sont le plus souvent posées sont celles-ci : « Qu'est-ce qu'un blog culinaire ? » et « Où trouvez-vous ces jolis radis ? » Si vous lisez ce livre, vous connaissez déjà la réponse à la première question. La réponse à la seconde question est que vous passez probablement déjà devant ces radis dans votre magasin habituel ou au marché ! D'aspect extérieur, les radis red meat, blue meat ou daikon passent presque inaperçus : ils sont ternes et ont une forme bizarre. Vous pouvez les trouver à l'automne ou en hiver ; en dehors de ces périodes, utilisez des radis rouges pour cette recette – ils sont tout aussi délicieux coupés en fines rondelles et marinés dans la vinaigrette au citron et au gingembre.**

**Vinaigrette au citron et au gingembre**

2 c. à soupe d'huile d'olive vierge extra

1 c. à soupe de jus de citron frais

1 c. à soupe de vinaigre de vin blanc

1 c. à café de gingembre frais, finement haché

½ gousse d'ail, émincée

¼ de c. à café de sirop d'érable

¼ de c. à café de sel de mer

Poivre noir du moulin

***Crostini***

6 petits radis red meat ou blue meat et/ou radis violet

1 petite courgette

1 cébette (ou cive), coupée en très fines rondelles

1 baguette, toastée et coupée en tranches de 1 cm d'épaisseur

230 g de fromage de chèvre frais, de labneh au zeste de citron (voir page 295) ou de fauxmage d'amande (voir page 73)

Sel de mer en flocons (flocons de sel de Maldon ou fleur de sel)

Graines germées, pour garnir (facultatif)

Préparer la vinaigrette au citron et au gingembre : dans un saladier, mélanger au fouet l'huile d'olive, le jus de citron, le vinaigre, le gingembre, l'ail, le sirop d'érable, le sel et du poivre.

À l'aide d'une mandoline ou d'un couteau bien aiguisé, couper les radis et la courgette en fines rondelles. J'aime utiliser une mandoline pour obtenir des rondelles très fines et uniformes.

Ajouter les tranches de radis et de courgette ainsi que la cébette dans le saladier et mélanger pour les enrober. Dresser les *crostini* en recouvrant les tranches de baguette avec le fromage de chèvre, le labneh ou le fauxmage d'amande, des légumes et 1 pincée de sel de mer en flocons. Garnir de graines germées (si vous le souhaitez).

**POUR 4 À 6 PERSONNES**

**POUR UNE VERSION VEGAN**
Remplacer le fromage par du fauxmage d'amande.

**POUR UNE VERSION SANS GLUTEN**
Remplacer la baguette par du pain sans gluten.

# GYOZAS AUX CAROTTES ET AU GINGEMBRE

**Après notre premier voyage au Japon, Jack n'arrêtait pas de parler des gyozas et de son envie d'en faire à la maison (ou plutôt de son envie que moi, j'en fasse). Grâce à des disques de pâte à raviolis achetés dans le commerce, nous avons commencé à en préparer régulièrement, avec toutes sortes de garnitures. Nous avons un accord : je fais la garniture et il s'occupe de les former. Il ne sait toujours pas que je me suis attribué la tâche la plus facile, alors ne le lui dites pas, d'accord ?**

4 carottes moyennes (230 g)
½ c. à café d'huile d'olive vierge extra, plus un peu pour la cuisson des carottes
100 g de tofu extra-ferme
2 c. à café de miso blanc
2 c. à café de vinaigre de riz
1 c. à café de gingembre frais, finement haché
1 gousse d'ail
½ c. à café d'huile de sésame
½ c. à café de sauce *sriracha*
2 c. à soupe de cébettes (ou cives), émincées
30 disques de pâte à raviolis (disponibles en épicerie asiatique)
Tamari, pour tremper les gyozas
Sel de mer et poivre noir du moulin

Préchauffer le four à 220 °C et recouvrir une plaque à four de papier sulfurisé. Placer les carottes sur la plaque, les arroser légèrement d'huile d'olive et les saupoudrer de sel et de poivre. Faire rôtir pendant 15 à 25 min, ou jusqu'à ce que les carottes soient dorées et tendres. Le temps de cuisson dépend de l'épaisseur des carottes.

Retirer les carottes du four, les laisser refroidir légèrement puis les hacher. À l'aide d'un robot, mixer les carottes avec l'huile d'olive, le tofu, le miso, le vinaigre de riz, le gingembre, l'ail, l'huile de sésame et la sauce *sriracha*. Les carottes doivent être réduites en purée et le mélange doit être épais. Incorporer les cébettes.

Former les gyozas en déposant 1 c. à café bombée de farce sur chaque disque de pâte. Avec les doigts, humidifier les bords du disque avec de l'eau froide, le plier en 2 sur la farce et appuyer pour le sceller. Une fois le disque plié en 2, et tout en tenant le haut du croissant avec deux doigts, utiliser l'autre main pour former des plis.

Vaporiser un peu d'huile de cuisson en spray à l'intérieur d'un panier vapeur en bambou. Placer les gyozas dans le panier vapeur sans qu'ils se touchent et couvrir. Amener un fond de 2,5 cm d'eau à frémissement dans une casserole ou une poêle que le panier vapeur peut recouvrir. Placer le panier vapeur au-dessus et cuire les gyozas à la vapeur pendant 10 min. Servir avec du tamari pour y tremper les gyozas.

POUR ENVIRON 30 GYOZAS • 4 À 6 PERSONNES | VEGAN

# *MUHAMMARA* À LA BETTERAVE

**Je me souviens de la première fois que j'ai goûté à la *muhammara*, un dip épicé aux poivrons rouges et aux noix originaire du Moyen-Orient. J'ai adoré les saveurs marquées et le parfum de coriandre. Cela m'a rappelé la façon dont j'aime assaisonner mon houmous à la betterave, alors je me suis dit : « Pourquoi pas de la *muhammara* à la betterave ? » La douceur des betteraves associée à un peu de jus de citron remplace la mélasse de grenade, difficile à trouver, ce qui rend cette version plus accessible et tout aussi délicieuse que la recette traditionnelle.**

280 g de betteraves rouges (2 à 3 betteraves)

60 ml d'huile d'olive vierge extra, plus un peu pour arroser les betteraves, l'échalote et l'ail

1 petite échalote

1 grosse gousse d'ail, non pelée

1 c. à café de graines de cumin entières

95 g de noix, plus un peu pour garnir

2 c. à soupe de jus de citron frais

½ c. à café de flocons de piment rouge séché, ou à votre convenance

½ c. à café de coriandre moulue

Graines de sésame (facultatif)

Menthe fraîche (facultatif)

Sel de mer et poivre noir du moulin

**Pour servir**
Pitas grillées ou légumes

Préchauffer le four à 220 °C. Assaisonner les betteraves, l'échalote et l'ail avec 1 filet d'huile d'olive, du sel et du poivre. Envelopper les betteraves dans une feuille de papier d'aluminium, et l'échalote et l'ail dans une autre. Placer les 2 paquets sur une plaque à four et faire rôtir l'échalote et l'ail pendant 25 à 30 min, ou jusqu'à ce qu'ils soient très tendres, et les betteraves pendant 1 h, ou jusqu'à ce qu'elles soient tendres. Retirer les betteraves du four et enlever le papier d'aluminium. Lorsqu'elles sont froides au toucher, les éplucher (je les place sous l'eau et je fais glisser la peau avec mes mains) puis les hacher. Éplucher l'ail.

Dans une petite poêle, torréfier les graines de cumin à feu moyen-doux, environ 1 min. Retirer le cumin de la poêle, puis mettre les noix et les torréfier légèrement de 30 s à 1 min.

Mixer ensemble les betteraves, l'échalote, l'ail, le cumin, les noix, le jus de citron, les flocons de piment, la coriandre, ½ c. à café de sel et un peu de poivre noir jusqu'à ce que ce soit mélangé. En continuant de mixer, ajouter en filet 60 ml d'huile d'olive et mixer jusqu'à obtenir une préparation homogène.

Assaisonner à votre convenance et servir avec des pitas grillées ou des légumes. Arroser de 1 filet d'huile d'olive et garnir de noix, de graines de sésame et de menthe (si vous en utilisez).

POUR 2 PETITS BOLS | VEGAN & SANS GLUTEN

## ASTUCE

Rôtir des betteraves n'est pas difficile mais cela prend du temps, c'est pourquoi j'aime m'y prendre à l'avance. Les betteraves, l'échalote et l'ail peuvent être rôtis jusqu'à 1 jour à l'avance et conservés au réfrigérateur.

# FAUXMAGE D'AMANDE AUX HERBES DE PROVENCE

**La fabrication de fauxmage à base de fruits à coque peut sembler complexe, mais ce n'est pas le cas. Il suffit de mélanger les ingrédients, de les envelopper dans une étamine, d'attendre deux jours (la partie la plus difficile !), puis de déballer votre fauxmage. J'aime garnir le mien d'herbes de Provence et d'un peu de menthe pour y apporter de la fraîcheur. Si vous ne pouvez absolument pas attendre deux jours pour déguster votre fauxmage, servez le mélange en tant que dip – c'est crémeux et délicieux dans tous les cas !**

135 g d'amandes émondées
3 c. à soupe de jus de citron frais
1 c. à soupe de levure maltée
1 c. à soupe d'huile d'olive vierge extra
1 petite gousse d'ail
½ c. à café de sel de mer
120 ml d'eau, plus un peu si nécessaire
½ c. à café d'herbes de Provence
2 feuilles de menthe fraîche, ciselées (facultatif)
Sel de mer en flocons (flocons de sel de Maldon ou fleur de sel), pour saupoudrer

**Pour servir**

Crackers et/ou légumes

Mixer les amandes, le jus de citron, la levure maltée, l'huile d'olive, l'ail, le sel et l'eau jusqu'à obtenir un mélange homogène. Si le mélange est trop épais pour être mixé, ajouter de l'eau progressivement jusqu'à obtenir une consistance lisse, mais encore très épaisse.

Déposer le mélange dans une étamine. Rassembler les bords de l'étamine, les nouer autour d'une cuillère en bois et placer la cuillère en travers d'un saladier, de manière que la boule de fauxmage pende au centre sans toucher le fond (voir photos ci-dessous). Mettre au réfrigérateur pendant 48 h ou jusqu'à ce que le fauxmage forme une boule. La boule doit se détacher de l'étamine lorsqu'on la déballe avec précaution. Si elle colle trop à l'étamine, il faut l'envelopper de nouveau et la mettre au réfrigérateur pendant 24 h supplémentaires.

Transférer la boule de fauxmage sur un plat de service et appuyer délicatement pour former un disque. Parsemer d'herbes de Provence, de menthe (si vous en utilisez) et de sel de mer en flocons. Servir avec des crackers et/ou des légumes.

POUR / PETIT FAUXMAGE | VEGAN & SANS GLUTEN

**ASTUCE**

Cette recette permet d'obtenir une bonne quantité de dip, mais je vous promets que si vous le servez lors d'une fête, il disparaîtra rapidement ! Si vous avez tout de même des restes, conservez-les au réfrigérateur pendant 4 à 5 jours. Ce *« queso »* est délicieux servi chaud ou froid.

# « *QUESO* » DE COURGE BUTTERNUT GARNI

**Dès que j'ai obtenu mon diplôme universitaire, j'ai déménagé à Austin pour rejoindre Jack. Là-bas, quand nous nous réunissions avec des amis, il y avait toujours du *queso* (dip de fromage fondu et de piment de la cuisine tex-mex), un mélange très jaune et qui semblait trop industriel pour être appétissant. Je ne pouvais pas me plaindre, car je me rattrapais sur les chips, la sauce salsa et le guacamole… Depuis, j'ai créé une variante à la courge butternut pour pouvoir moi aussi en profiter. Même si cette recette est végétale, tous les amateurs de fromage que je connais l'adorent.**

300 g de pommes de terre (variété spéciale purées et soupes), pelées et coupées en morceaux

150 g de courge butternut, pelée et coupée en morceaux

1 petit oignon jaune, haché

60 ml d'huile d'olive vierge extra, plus un peu pour la cuisson de l'oignon

75 g de noix de cajou crues

90 ml d'eau

15 g de levure maltée

60 ml de jus de citron frais

2 c. à soupe de vinaigre de cidre

2 gousses d'ail

1 c. à café de paprika fumé

½ c. à café de piment de Cayenne moulu

Sel de mer

**Pour servir**

1 avocat

Le jus de ½ citron vert

45 g de haricots noirs cuits, égouttés et rincés (voir page 23)

40 g de tomate, coupée en dés

2 c. à soupe d'oignon rouge, coupé en dés

1 petit piment *jalapeño*, émincé

Les feuilles de quelques brins de coriandre fraîche, ciselées

Tortillas chips

Quelques pincées de sel de mer

Placer les pommes de terre et la courge butternut dans une casserole de taille moyenne et ajouter de l'eau froide pour qu'elle recouvre les légumes d'environ 2,5 cm. Ajouter 1 pincée de sel. Porter à ébullition, puis réduire le feu et laisser mijoter, à découvert, jusqu'à ce que les pommes de terre soient tendres (vérifier à l'aide d'une fourchette), pendant 8 à 12 min. Égoutter et transférer dans un blender.

Dans une petite poêle à feu moyen, faire revenir l'oignon dans 1 filet d'huile d'olive jusqu'à ce qu'il soit tendre, environ 5 min.

Dans le blender, ajouter l'oignon, les noix de cajou, 60 ml d'huile d'olive, l'eau, la levure maltée, le jus de citron, le vinaigre de cidre, l'ail, le paprika fumé, le piment de Cayenne et 1 c. à café de sel. Mixer jusqu'à obtenir un mélange homogène, en utilisant la spatule du blender pour mélanger pendant que vous mixez ou en faisant des pauses pour remuer si nécessaire. Si le mélange est trop épais, ajouter de l'eau progressivement et mixer jusqu'à ce que le mélange soit homogène.

Préparer un guacamole rapide en écrasant l'avocat, le jus de citron vert et du sel de mer dans un bol avec le dos d'une fourchette.

Verser le *« queso »* chaud dans un plat de service peu profond et le recouvrir de guacamole, de haricots noirs, de tomate, d'oignon rouge, de piment *jalapeño* et de coriandre. Servir avec des tortillas chips.

POUR 4 PERSONNES | VEGAN & SANS GLUTEN

# CRACKERS DE RIZ COMPLET AU SÉSAME

**Mon obsession pour les produits en vrac a commencé très tôt. Petites, ma mère nous emmenait, ma sœur et moi, dans un petit magasin de produits alimentaires en vrac de notre quartier où elle achetait ses épices. En guise de friandise, nous repartions toujours avec un sac rempli de bâtonnets feuilletés au sésame que nous mangions dans la voiture (et, plus tard, en cachette dans les salles de cinéma). Ces crackers me rappellent ces bâtonnets au sésame et, par extension, toute mon enfance. Cette version, sans gluten, a une saveur plus subtile que celle des bâtonnets, mais possède toujours un merveilleux goût de sésame provenant de l'huile de sésame.**

70 g de farine de riz complète
55 g de farine d'amande
55 g de graines de sésame
2 c. à soupe de graines de lin moulues
¼ de c. à café de levure chimique
½ c. à café de sel de mer
1 c. à café d'huile de sésame
60 ml d'eau

Préchauffer le four à 180 °C.

Dans un saladier, mélanger la farine de riz complète, la farine d'amande, les graines de sésame, les graines de lin, la levure chimique et le sel. Ajouter l'huile de sésame et l'eau et mélanger. Le mélange sera très friable. Utiliser vos mains pour le presser et le pétrir afin de former une boule. Aplatir la boule et la placer entre 2 feuilles de papier sulfurisé sur une surface plane. Abaisser la pâte pour lui donner une forme ovale d'environ 3 mm d'épaisseur. Si les bords commencent à se déchirer, utiliser vos doigts pour les recoller délicatement.

Retirer la feuille supérieure de papier sulfurisé et utiliser un couteau d'office bien aiguisé pour couper des carrés d'environ 5 cm de côté dans la pâte. Une partie de la pâte sur les bords sera de forme irrégulière. Soulever délicatement le papier sulfurisé avec la pâte et la transférer sur une plaque à four. Cuire au four pendant 25 min, ou jusqu'à ce que les bords soient dorés. Retirer la plaque du four et laisser reposer pendant 10 min. Séparer les crackers.

POUR ENVIRON 16 CRACKERS | VEGAN & SANS GLUTEN

**ASTUCE** Ces crackers se congèlent très bien et j'aime en avoir toujours sous la main !

# LES BRETZELS À L'AIL DE JACK

**Jack est une bonne pâte, presque au sens propre : il est doux, moelleux et malléable (ne vous inquiétez pas, cette phrase est approuvée par Jack). Oh, et il aime aussi faire des recettes à base de pâte à pain, ce que j'adore. Il n'y a rien de tel que l'odeur du pain qui sort du four, surtout lorsqu'un être cher le prépare pour vous de bon cœur. Jack adore préparer ces bretzels lorsque nous recevons des amis à dîner. S'il en reste, ils se congèlent très bien !**

180 ml d'eau chaude (40 °C à 45 °C)
1 c. à soupe de sirop d'érable
1 sachet de levure boulangère sèche (8 g)
180 g de farine de blé tous usages, plus un peu pour pétrir
60 g de farine de blé T 110
1 c. à café de sel de mer
4 c. à soupe d'huile d'olive vierge extra, plus un peu pour le saladier
1 gousse d'ail, finement hachée
¼ de c. à café de zeste de citron bio
Gros sel, pour saupoudrer

Dans un petit saladier, mélanger 60 ml d'eau chaude, le sirop d'érable et la levure. Laisser reposer pendant 5 min, jusqu'à ce que le mélange soit mousseux.

Dans la cuve d'un robot équipé d'un crochet pétrisseur, mettre les farines et le sel de mer. Ajouter le mélange de levure, 2 c. à soupe d'huile d'olive et le reste d'eau chaude. Mélanger à vitesse moyenne jusqu'à ce que la pâte forme une boule autour du crochet, soit pendant 5 à 6 min. Déposer la pâte sur une surface légèrement farinée et la pétrir, en la saupoudrant de farine si nécessaire, pour former une boule. Badigeonner un saladier d'huile d'olive et y placer la pâte. Couvrir avec du film alimentaire et laisser la pâte lever jusqu'à ce qu'elle ait doublé de volume, soit pendant 40 min à 1 h.

Préchauffer le four à 230 °C et recouvrir une plaque à pâtisserie de papier sulfurisé. Retirer le film alimentaire du saladier, aplatir la pâte et la transférer sur une surface légèrement farinée. Couper la pâte en 8 portions égales et rouler chaque portion en un boudin d'environ 22 cm de long. Saisir les extrémités de chaque boudin de pâte, faire un nœud et rentrer les extrémités.

Dans un bol, mélanger l'huile d'olive restante, l'ail et le zeste de citron. Réserver.

Cuire les bretzels au four pendant 10 à 12 min, ou jusqu'à ce qu'ils soient dorés. Badigeonner les bretzels chauds avec l'huile à l'ail et les saupoudrer de gros sel.

POUR 8 BRETZELS | VEGAN

ANATOMIE D'UNE

# PLANCHE

## MÉLANGES DE FRUITS À COQUE ET DE GRAINES

**Instructions de base :** préchauffer le four à 180 °C et recouvrir 3 petites plaques à four de papier sulfurisé. Mélanger les ingrédients de chaque recette, en veillant à ce que les noix/graines soient bien enrobées. Étaler en une fine couche et cuire au four pendant 8 à 12 min ou jusqu'à ce que tout soit légèrement grillé.

**Amandes grillées au romarin**
115 g d'amandes crues
½ c. à café d'huile d'olive vierge extra
½ c. à café de sirop d'érable
½ c. à soupe de romarin ciselé
Quelques pincées de sel de mer

**Graines de courge épicées**
70 g de graines de courge
½ c. à café de tamari
¼ de c. à café d'épices pour chili
1 pincée de piment de Cayenne moulu

**Noix de cajou curry et noix de coco**
115 g de noix de cajou crues
½ c. à café d'huile de coco fondue
½ c. à café de sirop d'érable
½ c. à café de curry en poudre
2 c. à soupe de raisins secs
2 c. à soupe de copeaux de noix de coco séchée
Quelques pincées de sel de mer

## FROMAGES

**Fromages à pâte dure**
Par exemple du manchego ou du cheddar blanc vieilli.

**Fromages à pâte molle**
Par exemple du brie, du fromage de chèvre ou du fauxmage d'amande (voir page 73).

# APÉRITIVE

*Choisissez autant de composants que vous le souhaitez pour créer votre planche apéritive personnalisée !*

## QUELQUE CHOSE DE DOUX

**Beurre à la figue et au thym avec de la baguette**

100 g de beurre doux, à température ambiante
2 figues séchées, coupées en dés
1 ½ c. à café de feuilles de thym
1 ½ c. à café de sirop d'érable
Quelques pincées de sel de mer
Baguette tranchée, pour servir

Mélanger le beurre, les figues séchées, le thym, le sirop d'érable et le sel dans un mixeur jusqu'à obtenir un mélange homogène.

## UN DIP CRÉMEUX AVEC DES LÉGUMES FRAIS

Par exemple, la sauce aux fanes de radis (voir page 302).

Tous les légumes crus ou blanchis que vous aimez !

# So

## CHAPITRE 3

# UPES

**ASTUCE**

J'aime conserver du gingembre frais au congélateur pour en avoir toujours sous la main. Au moment de l'utiliser, il n'est pas nécessaire de le décongeler – il suffit de le râper tel quel !

# SOUPE COMPLÈTE AU LAIT DE COCO, À LA PATATE DOUCE ET AU CHOU KALE

**La première fois que j'ai mangé du *tom kha*, je me suis exclamée : « Je veux en manger tous les jours ! » Et c'est ce que j'ai fait. Pour le dîner, pour le déjeuner que j'emportais, puis pour le dîner du lendemain. J'étais obsédée par cette soupe au lait de coco riche, crémeuse et acidulée. Comme elle est généralement préparée avec de nombreux ingrédients difficiles à trouver, je l'ai simplifiée. Cette version vegan, sans sauce de poisson, tire sa saveur complexe des tiges de coriandre (qui sont en fait plus savoureuses que les feuilles), du gingembre, de la citronnelle et des piments *serranos*. J'y ajoute de la patate douce et quelques poignées de chou kale – ce n'est pas dans la recette traditionnelle, mais c'est rassasiant et délicieux.**

2 bâtons de citronnelle
1 c. à café d'huile de coco
½ oignon jaune moyen, finement tranché
340 g de champignons de Paris bruns, pieds retirés, coupés en tranches
½ à 1 c. à café de sel de mer
400 g de lait de coco en conserve
360 ml d'eau (jusqu'à 720 ml pour un bouillon plus léger)
1 c. à soupe de gingembre, finement haché
2 gousses d'ail, finement hachées
1 grosse patate douce, coupée en morceaux
1 piment *jalapeño*, équeuté et coupé en rondelles
1 petit bouquet de coriandre fraîche, tiges ciselées, feuilles hachées
Le zeste et le jus de 2 citrons verts bio
Tamari, pour assaisonner (facultatif)
8 feuilles de chou kale, hachées
280 g de riz thaï, cuit (voir page 22)
Les feuilles de quelques brins de menthe fraîche
Rondelles de piments rouges, de piments *serranos* ou sauce *sriracha*

Préparer la citronnelle en coupant la base et la partie supérieure dure des tiges. Écraser les tiges à l'aide d'un rouleau à pâtisserie pour séparer les couches. Retirer les couches extérieures épaisses et couper les parties intérieures tendres en dés. Réserver.

Faire chauffer l'huile de coco dans un grand faitout à feu moyen. Ajouter l'oignon, les champignons et ½ c. à café de sel et faire revenir, en remuant de temps en temps, pendant 8 min ou jusqu'à ce que tout soit ramolli.

Ajouter la citronnelle, le lait de coco, 360 ml d'eau, le gingembre, l'ail, la patate douce, le piment *jalapeño* et les tiges de coriandre. Pour obtenir un bouillon plus léger, ajouter jusqu'à 360 ml d'eau supplémentaires. Laisser mijoter à feu doux pendant 20 min, ou jusqu'à ce que la patate douce soit tendre (vérifier à l'aide d'une fourchette).

Ajouter le zeste et le jus des citrons verts. Goûter puis ajouter ½ c. à café de sel supplémentaire, à votre convenance, et du tamari (si vous en utilisez). Ajouter le chou kale et laisser mijoter 1 à 2 min supplémentaires. Incorporer les feuilles de coriandre juste avant de servir.

Servir avec le riz, les feuilles de menthe et les rondelles de piments ou la sauce *sriracha* (si vous en utilisez), et du tamari à part.

POUR 4 À 6 PERSONNES | VEGAN & SANS GLUTEN

# VELOUTÉ DE COURGE BUTTERNUT

**Pour moi, le velouté de courge butternut est le plat réconfortant d'automne par excellence : sa texture crémeuse et sa couleur éclatante égayent les journées fraîches. Au fil des ans, j'ai simplifié ma recette. Je fais simplement rôtir les légumes sur une plaque à four et je les mixe avec du bouillon, du miso et un soupçon de vinaigre pour obtenir un bol de velouté parfait.**

1 courge butternut d'environ 1 kg
1 petit oignon jaune
3 c. à soupe d'huile d'olive vierge extra, plus un peu pour servir
5 gousses d'ail, non pelées
480 ml de bouillon de légumes (voir page 104)
1 ½ c. à soupe de miso blanc
1 c. à café de vinaigre de vin blanc
Lait de coco, pour servir (facultatif)
Sel de mer et poivre noir du moulin

Préchauffer le four à 200 °C et recouvrir une plaque à four de papier sulfurisé.

Couper la courge en 2 et retirer les graines. Peler l'oignon et le couper en quartiers. Placer la courge et l'oignon sur la plaque à four et les arroser de 1 c. à soupe d'huile d'olive. Saupoudrer 1 pincée de sel et 1 pincée de poivre. Disposer la courge et l'oignon côté coupé vers le bas. Envelopper l'ail dans du papier d'aluminium et le placer sur la plaque. Faire rôtir pendant 40 à 50 min, ou jusqu'à ce que la courge soit tendre et l'oignon bien doré.

Prélever la chair de la courge et la mettre dans un blender avec l'oignon et l'ail pelé, le bouillon de légumes, le miso, le vinaigre et l'huile d'olive restante. Mixer jusqu'à obtenir une texture crémeuse, soit pendant environ 1 min. Assaisonner de sel et de poivre.

Servir avec 1 filet d'huile d'olive et 1 c. à soupe de lait de coco (si vous en utilisez).

POUR 4 PERSONNES | VEGAN & SANS GLUTEN

# SOUPE VERTE PRINTANIÈRE AU CITRON ET AU MISO

**Les régimes de type détox ne sont pas faits pour moi. Si vous me dites que je n'ai pas le droit de manger de cookies, je ne penserai qu'à cela et je finirai par en manger toute une fournée. Un échec ! Au lieu de cela, chaque fois que je sens que j'ai besoin d'une petite recette plus légère, je prépare cette soupe. Elle est pleine de légumes verts et le bouillon, pourtant simple, est super savoureux grâce au miso, au citron et à une bonne dose de poivre noir du moulin.**

2 c. à soupe d'huile d'olive vierge extra

1 botte de cébettes (ou cives), émincées

2 gousses d'ail, finement hachées

960 ml de bouillon de légumes (voir page 104)

960 ml d'eau

90 g de quinoa

10 brins de thym frais, attachés ensemble

½ c. à café de sel de mer, ou plus à votre convenance

100 g de miso blanc

110 g de pois gourmands, fils retirés, coupés dans le sens de la longueur

12 asperges vertes, seulement les parties tendres, coupées en morceaux

160 g de petits pois frais ou surgelés

80 g de pois chiches cuits égouttés et rincés (voir page 23)

6 feuilles de chou kale, hachées, tiges émincées

¼ de c. à café de poivre noir du moulin, plus un peu pour assaisonner les légumes

60 ml de jus de citron frais

Quelques brins d'aneth ciselés, la moitié réservée pour garnir

1 portion de pesto à la menthe (voir page 303), pour servir

Faire chauffer l'huile d'olive dans un grand faitout à feu moyen. Ajouter les cébettes et les faire revenir pendant 3 min, puis incorporer l'ail, le bouillon de légumes, l'eau, le quinoa, le thym, ¼ de c. à café de sel et un peu de poivre noir. Porter à ébullition, puis réduire le feu et laisser mijoter à couvert pendant 20 min, jusqu'à ce que le quinoa soit cuit.

Dans un petit saladier, fouetter le miso avec 120 ml du bouillon en train de cuire, puis remettre ce mélange dans le faitout.

Ajouter les pois gourmands, les asperges, les petits pois, les pois chiches et le chou kale et laisser mijoter jusqu'à ce que les légumes soient tendres mais encore d'un vert éclatant, pendant 3 à 4 min. Assaisonner avec le reste de sel et ¼ de c. à café de poivre noir. Incorporer le jus de citron et la moitié de l'aneth.

Répartir la soupe dans des bols et garnir avec le reste de l'aneth. Servir avec le pesto de menthe.

POUR 4 À 6 PERSONNES | VEGAN & SANS GLUTEN

# SOUPE DE POMMES DE TERRE, DE POIREAUX ET D'ARTICHAUTS

**Un jour, j'ai fait un sondage sur Instagram dans lequel je demandais à mes abonnés quelles soupes ils souhaitaient que je prépare. J'aime toutes les soupes, mais j'ai souvent du mal à me décider. J'ai reçu un nombre important de demandes pour des soupes à base de poireaux, alors... je me suis exécutée. Cette soupe doit son onctuosité aux pommes de terre et aux noix de cajou mixées. Les artichauts en conserve et les câpres apportent de belles saveurs à cette soupe, qui est encore meilleure agrémentée d'un peu de jus de citron et d'aneth frais.**

2 c. à soupe d'huile d'olive vierge extra, plus un peu pour arroser

3 poireaux, parties blanche et vert clair, émincés et rincés

1 branche de céleri branche, coupée en gros tronçons

1 grosse carotte, coupée en rondelles

3 gousses d'ail, finement hachées

700 g de pommes de terre (variété spéciale purées et soupes), coupées en morceaux

960 ml de bouillon de légumes (voir page 104)

400 g de cœurs d'artichauts en boîte, égouttés et coupés en morceaux

75 g de noix de cajou crues

1 ½ c. à café de moutarde de Dijon

1 c. à soupe de câpres

3 c. à soupe de jus de citron frais

120 à 240 ml d'eau

Quelques brins d'aneth ciselés, plus un peu pour garnir

1 botte de ciboulette fraîche, ciselée

Sel de mer et poivre noir du moulin

Faire chauffer l'huile d'olive dans un grand faitout à feu moyen. Ajouter les poireaux, le céleri, la carotte, ½ c. à café de sel et un peu de poivre noir. Faire revenir, en remuant de temps en temps, pendant 8 à 10 min, jusqu'à ce que les légumes commencent à ramollir, en baissant le feu s'ils commencent à trop brunir.

Ajouter l'ail et faire revenir pendant 1 min supplémentaire. Ajouter les pommes de terre et le bouillon. Porter à ébullition, puis réduire le feu et laisser mijoter pendant 15 à 20 min, ou jusqu'à ce que les pommes de terre soient tendres. Incorporer les artichauts.

Laisser refroidir légèrement, puis transférer ⅓ de la soupe dans un blender avec les noix de cajou, la moutarde, les câpres et 1 c. à soupe de jus de citron. Mixer jusqu'à obtenir une consistance lisse, puis reverser ce mélange dans le faitout. Incorporer l'eau, si nécessaire, pour diluer. Ajouter l'aneth et le jus de citron restant, assaisonner à votre convenance et servir.

Garnir d'aneth et de ciboulette et ajouter 1 filet d'huile d'olive.

*Les restes de soupe peuvent être conservés au réfrigérateur pendant 3 à 4 jours. Éviter la congélation.*

POUR 6 PERSONNES | VEGAN & SANS GLUTEN

# SOUPE AUX FEUILLES DE LASAGNES AVEC « RICOTTA » VÉGÉTALE

**Quand on a envie de lasagnes, mais qu'on n'a pas envie d'en cuisiner, que fait-on ? On prépare une soupe aux feuilles de lasagnes, bien sûr ! Cette soupe est composée d'une délicieuse base de tomates, de feuilles de lasagnes cassées en morceaux et d'une généreuse quantité de « ricotta » végétale. Pour rendre cette soupe plus facile à manger, vous pouvez casser les feuilles de lasagnes en plus petits morceaux, mais je trouve qu'il est amusant de manger ces grosses pâtes !**

2 c. à soupe d'huile d'olive vierge extra, plus un peu pour les feuilles de lasagnes

1 oignon jaune moyen, coupé en dés

2 carottes moyennes, coupées en rondelles

1 bulbe de fenouil, coupé en dés

2 c. à café de vinaigre balsamique

2 gousses d'ail, finement hachées

800 g de concassé de tomates

840 ml d'eau

12 brins de thym, attachés ensemble, ou 1 c. à soupe de feuilles de thym

¼ à ½ c. à café de flocons de piment rouge séché

8 feuilles de lasagnes (à bords ondulés si vous en trouvez), cassées en 2 ou en 3

280 g de pousses d'épinards fraîches

250 g de « ricotta » végétale (voir page 285)

Les feuilles de ¼ de bouquet de persil frais ou de 1 petit bouquet de basilic frais, ciselées

Graines germées (facultatif)

Sel de mer et poivre noir du moulin

Faire chauffer l'huile d'olive dans un grand faitout à feu moyen. Ajouter l'oignon, les carottes, le fenouil, ½ c. à café de sel et un peu de poivre noir et faire revenir, en remuant, pendant environ 8 min, jusqu'à ce que les légumes commencent à ramollir. Ajouter le vinaigre balsamique, l'ail, le concassé de tomates, l'eau, le thym et les flocons de piment. Couvrir et laisser mijoter pendant 30 min ou jusqu'à ce que les légumes soient tendres.

Pendant ce temps, faire cuire les feuilles de lasagnes dans une casserole d'eau bouillante salée selon les instructions de l'emballage, jusqu'à ce qu'elles soient *al dente*. Égoutter et mélanger avec un tout petit peu d'huile d'olive pour éviter que les pâtes ne collent.

Ajouter les épinards et les feuilles de lasagnes à la soupe et remuer jusqu'à ce que les épinards soient ramollis. Retirer le bouquet de thym et assaisonner à votre convenance.

Servir dans des assiettes creuses avec de la « ricotta » et parsemer de persil ou de basilic. Garnir de graines germées (si vous en utilisez).

POUR 4 À 6 PERSONNES | VEGAN | **POUR UNE VERSION SANS GLUTEN** Utiliser des feuilles de lasagnes sans gluten.

## COMMENT CONGELER LES HERBES AROMATIQUES

Les herbes aromatiques sont essentielles pour ajouter de la fraîcheur et de la saveur aux plats, mais sous certains climats froids, elles ne poussent pas en hiver. Bien que je préfère toujours cuisiner avec des herbes aromatiques fraîches, il est surprenant de constater à quel point les herbes aromatiques congelées peuvent ajouter de la saveur aux soupes et aux plats mijotés d'hiver ! Le romarin et le thym se congèlent mieux parce qu'ils ne se flétrissent pas, mais la coriandre congelée est merveilleuse dans ma soupe complète au lait de coco, à la patate douce et au chou kale (voir page 85). Dans la soupe zéro déchet aux lentilles (voir page 103), le persil congelé est un excellent supplément, et, si vous n'avez pas de basilic frais sous la main, le basilic congelé parachèvera la soupe aux feuilles de lasagnes avec « ricotta » végétale (voir page 93).

**1.**

Couper les herbes aromatiques fraîches avec des ciseaux. Les laver et bien les sécher.

**2.**

Les placer dans des sacs ou des récipients adaptés à la congélation avec du papier absorbant pour absorber l'humidité restante pendant la congélation.

**3.**

Pour les utiliser, couper les herbes aromatiques congelées à l'aide d'un couteau ou les briser à la main.

# MINESTRONE AU PANAIS, AUX POIS CHICHES ET AUX PÂTES

**Il y a des jours où j'ai envie d'un bol réconfortant de soupe au poulet et aux nouilles. Les pois chiches remplaçant le poulet dans mon alimentation, je me tourne vers cette soupe pour me réconforter. Elle est composée d'un mélange copieux de légumes, de thym frais, de sauge séchée (le secret pour obtenir une saveur évoquant le poulet) et de penne de riz complet.**

2 c. à soupe d'huile d'olive vierge extra

1 oignon jaune moyen, haché

3 carottes moyennes, coupées en rondelles

1 panais moyen, coupé en morceaux

3 branches de céleri de taille moyenne, émincées

½ c. à café de sel de mer, plus un peu à votre convenance

½ c. à café de poivre noir du moulin

3 grosses gousses d'ail, finement hachées

1,9 l de bouillon de légumes (voir page 104)

15 brins de thym frais, attachés ensemble

½ c. à café de sauge séchée

2 c. à soupe de concentré de tomates

250 g de pois chiches cuits égouttés et rincés (voir page 23)

170 g de penne de riz complet

5 feuilles de chou kale, finement hachées

¼ de c. à café de curcuma moulu

1 à 2 c. à soupe de jus de citron frais

Les feuilles de ½ bouquet de persil frais, ciselées

Faire chauffer l'huile d'olive dans un grand faitout à feu moyen-doux. Ajouter l'oignon, les carottes, le panais, le céleri, le sel et le poivre noir et faire revenir pendant 10 min ou jusqu'à ce que les légumes soient tendres. Incorporer l'ail, puis ajouter le bouillon, le thym, la sauge, le concentré de tomates et les pois chiches et laisser mijoter à feu doux pendant 20 min.

Ajouter les pâtes et laisser mijoter jusqu'à ce qu'elles soient cuites, environ 10 min supplémentaires. Ajouter le chou kale et cuire jusqu'à ce qu'il soit juste ramolli, environ 1 min. Retirer le bouquet de thym et incorporer le curcuma, 1 c. à soupe de jus de citron et le persil. Assaisonner à votre convenance avec jusqu'à ½ c. à café de sel de mer supplémentaire et jusqu'à 1 c. à soupe de jus de citron supplémentaire, et servir.

POUR 6 À 8 PERSONNES | VEGAN & SANS GLUTEN

# CHILI DE HARICOTS BLANCS, TOMATILLES ET COURGETTES

**J'ai toujours aimé les tomates. À un moment donné, c'était mon aliment préféré. Je les aimaies crues, en tranches, en sauce marinara, en ketchup, en sauce salsa, en soupe, etc. Mais c'était avant que je ne déménage à Austin, où j'ai rencontré mon seul véritable amour : la tomatille acidulée. J'ai aussi rencontré Jack à Austin, alors je suppose que j'ai deux véritables amours. Ce plat met en vedette le plus vert de mes amours et s'inspire librement du *pozole* mexicain. Les tomatilles rôties se marient avec des graines de courge, des courgettes, des piments *jalapeños* et des haricots blancs pour créer ce ragoût végétarien épais. Vous trouverez peut-être plus facilement des tomatilles en conserve, sous le nom de « tomates vertes » ; sinon, remplacez-les par une variété de tomates vertes, comme la Green Zebra.**

45 g de graines de courge

4 ou 5 tomatilles de taille moyenne, enveloppes retirées, rincées (ou 280 g de tomates vertes)

1 oignon jaune moyen, coupé en gros morceaux

1 piment *jalapeño*

1 piment *poblano*

3 gousses d'ail, non pelées

Les feuilles de quelques brins de coriandre fraîche

240 à 480 ml de bouillon de légumes (voir page 104)

1 c. à soupe d'huile d'olive vierge extra, plus un peu pour arroser

2 courgettes moyennes, coupées en morceaux

260 g de haricots Cannellini cuits égouttés et rincés (voir page 23)

250 g de pois chiches cuits égouttés et rincés (voir page 23)

½ c. à café de cumin moulu

½ c. à café de coriandre moulue

1 c. à café d'origan séché

150 g de grains de maïs, frais ou surgelés

1 c. à soupe de vinaigre de riz, plus un peu si nécessaire

Le jus de 1 citron vert

Sel de mer et poivre noir du moulin

**Options de toppings**

Rondelles de piments *jalapeños*

Dés d'avocat

Rondelles de citron vert

Rondelles de radis

*Suite en page suivante*

Placer les graines de courge dans un mixeur et mixer jusqu'à obtenir une poudre fine. Laisser la poudre dans le mixeur.

Préchauffer le four à 230 °C et recouvrir une grande plaque à four de papier sulfurisé. Placer les tomatilles, l'oignon, le piment *jalapeño*, le piment *poblano* et l'ail sur la plaque. Arroser d'huile d'olive, ajouter des pincées de sel et de poivre et mélanger pour bien enrober les légumes. Faire rôtir pendant 25 min ou jusqu'à ce que les légumes soient tendres et dorés sur les bords. Retirer et jeter les pédoncules des piments et la peau de l'ail. Ajouter les piments et l'ail dans le mixeur, ainsi que les tomatilles, l'oignon, la moitié de la coriandre fraîche, ½ c. à café de sel et 240 ml de bouillon de légumes, et mixer jusqu'à obtenir une consistance lisse.

Faire chauffer l'huile d'olive dans un grand faitout à feu moyen. Ajouter les courgettes et quelques pincées de sel et de poivre et faire cuire environ 3 min, jusqu'à ce qu'elles soient légèrement dorées. Incorporer les haricots, les pois chiches, le cumin, la coriandre moulue et l'origan et faire cuire pendant 1 min. Incorporer le mélange à base de tomatilles, les grains de maïs et le vinaigre de riz. Porter à ébullition et cuire jusqu'à ce que le mélange soit bien chaud et épais, environ 10 min. Si le chili est trop épais, ajouter 240 ml de bouillon. Ajouter le jus de citron vert et assaisonner à votre convenance. Si c'est trop piquant, ajouter plus de vinaigre de riz et/ou de jus de citron vert, à votre convenance.

Servir chaud avec le reste de la coriandre fraîche et les toppings de votre choix.

**POUR 4 PERSONNES** | **VEGAN & SANS GLUTEN**

**ASTUCE** Conservez les restes au congélateur. Vous vous en féliciterez plus tard.

# SOUPE ZÉRO DÉCHET AUX LENTILLES

**Préparez cette soupe avec vos restes de légumes ! Vous avez des poireaux et un demi-oignon ? Vous n'avez pas de carottes mais vous avez des patates douces ? Prenez cette recette comme modèle et adaptez-la pour utiliser ce que vous avez sous la main. Servez votre soupe avec du pain.**

2 c. à soupe d'huile d'olive vierge extra

1 oignon jaune moyen, haché, ou 1 poireau, haché

2 branches de céleri ou 1 bulbe de fenouil, coupé(es) en dés

300 g de courge butternut, de carottes ou de patates douces, coupée(s) en dés

6 feuilles de chou kale, tiges émincées, feuilles hachées

120 g de haricots verts, émincés ou 1 petite courgette, coupée en dés

3 gousses d'ail, finement hachées

½ c. à café de cumin moulu

2 c. à soupe de vinaigre de vin blanc

400 g de concassé de tomates

1,45 l de bouillon de légumes (voir page 104)

12 brins de thym frais, attachés ensemble, ou 1 c. à soupe de romarin ciselé

140 g de lentilles vertes du Puy sèches

1 pincée de flocons de piment rouge séché

Les feuilles de ¼ de bouquet de persil frais, ciselées, pour garnir

Sel de mer et poivre noir du moulin

Faire chauffer l'huile d'olive dans un grand faitout à feu moyen. Ajouter l'oignon, le céleri, la courge butternut, les tiges de chou kale, 1 c. à café de sel et un peu de poivre noir. Faire revenir pendant environ 8 min, jusqu'à ce que les légumes commencent à ramollir.

Ajouter les haricots verts, l'ail et le cumin, puis le vinaigre, le concassé de tomates, le bouillon, le thym et les lentilles. Réduire le feu et laisser mijoter pendant 30 min, ou jusqu'à ce que les lentilles et les légumes soient tendres. Si le bouillon est trop épais, ajouter 240 ml d'eau.

Ajouter les feuilles de chou kale et cuire pendant 5 min supplémentaires ou jusqu'à ce qu'elles soient ramollies. Ajouter 1 pincée de flocons de piment et assaisonner de sel et de poivre. Garnir avec le persil et servir.

POUR 6 PERSONNES | VEGAN & SANS GLUTEN

# BOUILLON DE LÉGUMES

## *Fait maison*

Mettre tous les ingrédients dans un grand faitout et porter à ébullition. Réduire le feu et laisser mijoter doucement, à couvert, pendant 1 h. Filtrer le bouillon et jeter les légumes. Assaisonner à votre convenance.

**POUR 2 L**

**AUTRES LÉGUMES À UTILISER**

Panais, champignons, poivrons, épis de maïs, cébettes (ou cives), échalotes, poireaux, ail vert, fleurs d'ail, herbes aromatiques et leurs tiges.

**INGRÉDIENTS**

- **A** 2 oignons moyens ou 3 petits, coupés en 2
- **B** 4 carottes moyennes, coupées en morceaux
- **C** 4 branches de céleri de taille moyenne, coupées en morceaux
- **D** Pluches de fenouil ou vert de poireau, hachés
- **E** 1 tête d'ail, coupée en 2
- **F** 1 poignée de persil
- **G** 1 petit bouquet de thym
- **H** 3 feuilles de laurier
- **I** 2 c. à café de sel de mer
- **J** 1 c. à café de poivre noir
- **K** 2,8 l d'eau filtrée

### LÉGUMES À ÉVITER

Les légumes crucifères tels que le chou kale, le chou cavalier, le chou, les choux de Bruxelles, le brocoli, le chou-fleur, les navets, les radis, les rutabagas et la roquette.

# BOUILLON ZÉRO DÉCHET

**Faites mijoter les « déchets » de légumes et d'herbes aromatiques – épluchures, tiges, etc. – que vous jetez habituellement pour obtenir un bouillon savoureux à ajouter à vos soupes et plats mijotés préférés.**

Entre 1 et 1,5 kg de « déchets » de légumes et d'herbes aromatiques, hachés

2,8 l d'eau

2 épis de maïs sans les grains (facultatif)

2 c. à café de sel de mer, plus un peu pour assaisonner

1 c. à café de grains de poivre

Poivre noir du moulin, pour assaisonner

Mettre tous les ingrédients dans un grand faitout et porter à ébullition. Réduire le feu et laisser mijoter doucement, à couvert, pendant 1 h.

Filtrer le bouillon et jeter les légumes. Assaisonner à votre convenance.

POUR 2 L

**Les « déchets » peuvent être conservés au congélateur jusqu'à ce que vous en ayez assez pour faire du bouillon.**

# SALADES

# RE

CHAPITRE **4**

# PAS

# SALADE CÉSAR À LA ROMAINE GRILLÉE

**Comment rendre la romaine appétissante ? En la faisant griller ! La texture de la romaine grillée se marie parfaitement avec cette sauce onctueuse et acidulée, semblable à la sauce César. Si vous n'avez pas de barbecue ou de plancha, vous pouvez tout aussi bien préparer la romaine dans une poêle gril en fonte sur vos plaques de cuisson. S'il vous reste de la sauce, passez à la page 215 et utilisez-la pour préparer des *fettuccine* au fenouil !**

2 tranches de pain complet
½ gousse d'ail
Huile d'olive vierge extra
3 romaines
2 radis, coupés en très fines rondelles
2 c. à soupe de ciboulette fraîche, ciselée
2 c. à café de câpres, égouttées
2 c. à soupe de graines de chanvre
25 g de graines germées (facultatif)
Quelques pincées de flocons de piment rouge séché (facultatif)
Quartiers de citron, pour servir
Sel de mer et poivre noir du moulin

**Sauce César vegan**

75 g de noix de cajou crues
1 gousse d'ail, épluchée
2 c. à soupe de jus de citron frais
2 c. à café de moutarde de Dijon
2 c. à café de câpres, égouttées
120 ml d'eau
Poivre noir du moulin

Préchauffer le four à 180 °C. Frotter les tranches de pain avec le côté coupé de la gousse d'ail et couper le pain en cubes. Mélanger les cubes de pain avec 1 filet d'huile d'olive et les cuire au four pendant 10 à 15 min, jusqu'à ce qu'ils soient croustillants.

Préparer la sauce : dans un blender, mettre les noix de cajou, l'ail, le jus de citron, la moutarde, les câpres, l'eau et un peu de poivre noir. Mixer jusqu'à obtenir une texture crémeuse.

Préchauffer un barbecue, une plancha ou une poêle gril à température élevée. Couper les romaines en 2 dans le sens de la longueur, puis les arroser d'un peu d'huile d'olive et les parsemer de 1 pincée de sel et de 1 pincée de poivre. Faire griller les romaines, côté coupé vers le bas, 1 à 2 min, jusqu'à ce que des marques brunes apparaissent. Retourner délicatement les romaines et les faire griller pendant 2 min supplémentaires.

Dresser la salade : verser 1 filet de sauce sur les romaines grillées. Recouvrir de radis, de ciboulette, de câpres et de croûtons. Parsemer de graines de chanvre, de graines germées et de flocons de piment (si vous en utilisez). Servir avec les quartiers de citron et le reste de la sauce sur le côté.

POUR 6 PERSONNES | VEGAN

**POUR UNE VERSION SANS GLUTEN**
Utiliser du pain sans gluten ou ne pas mettre les croûtons.

# SALADE D'AVOCATS ET DE FENOUIL, SAUCE SÉSAME-GINGEMBRE

**Cette salade est magique. Lorsque je la sers à ma famille et à mes amis, ils dévorent tout le plat. L'avocat onctueux contraste avec les légumes croquants et chaque bouchée offre à la fois du moelleux et du croquant. La sauce crémeuse au sésame et au gingembre apporte un punch, ce qui en fait un de mes plats favoris qui se prépare en quelques minutes !**

### Sauce (il vous en restera)

2 ½ c. à soupe de tahini
2 c. à soupe de jus de citron frais
2 c. à soupe de sirop d'érable
1 ½ c. à soupe de tamari
1 c. à soupe d'huile d'olive vierge extra
1 c. à soupe de gingembre, finement haché
½ c. à soupe d'huile de sésame
1 gousse d'ail, épluchée
1 c. à soupe d'eau, si nécessaire

### Salade

1 bulbe de fenouil, coupé en très fines lamelles
2 carottes, coupées en très fines rondelles
3 radis rouges, coupés en très fines rondelles
1 quartier de citron, pour le presser
2 avocats, dénoyautés et coupés en fines tranches
1 c. à soupe de graines de sésame
1 ou 2 poignées de graines germées
Sel de mer

Préparer la sauce : dans un blender, mettre le tahini, le jus de citron, le sirop d'érable, le tamari, l'huile d'olive, le gingembre, l'huile de sésame et l'ail, et mixer jusqu'à obtenir un mélange homogène. Si le mélange est trop épais, ajouter de l'eau progressivement et mixer jusqu'à obtenir une consistance homogène.

Dans un saladier, mélanger le fenouil, les carottes et les radis avec du jus de citron et des pincées de sel. Répartir le mélange sur un plat de service et le recouvrir des tranches d'avocats. Arroser généreusement avec la sauce. Parsemer de graines de sésame, de graines germées et de quelques pincées de sel de mer, à votre convenance. Servir immédiatement.

POUR 4 PERSONNES EN ACCOMPAGNEMENT | VEGAN & SANS GLUTEN

**ASTUCE** S'il vous reste de la sauce, vous pouvez l'utiliser dans un bowl à base de céréales le lendemain. Elle se marie particulièrement bien avec le riz complet et les légumes rôtis ou crus.

# SALADE DE PÊCHES ET DE HARICOTS VERTS À L'ANETH

**Chaque été, j'ai un objectif simple : manger un maximum de pêches. La saison des pêches est brève, et c'est probablement la raison pour laquelle j'aime tellement en manger. J'adore les manger avec du basilic, mais j'ai découvert une autre association fabuleuse : celle des pêches et de l'aneth.**

2 grosses poignées de haricots verts ou haricots beurre, équeutés

1 c. à soupe d'huile d'olive vierge extra, plus un peu pour servir

2 c. à soupe de jus de citron frais, ou plus à votre convenance

1 grosse gousse d'ail, finement hachée

¼ de c. à café de moutarde de Dijon

250 g de pois chiches cuits égouttés et rincés (voir page 23)

150 g de tomates cerise, coupées en 2

Quelques brins d'aneth ciselés

3 pêches, dénoyautées et coupées en tranches

25 g d'amandes effilées, torréfiées et salées

Sel de mer et poivre noir du moulin

Préparer un grand faitout d'eau bouillante salée et un saladier d'eau glacée. Plonger les haricots dans l'eau bouillante et les blanchir pendant 2 min. Retirer les haricots et les plonger immédiatement dans l'eau glacée pour arrêter le processus de cuisson. Laisser les haricots refroidir complètement dans l'eau glacée, au moins 30 s. Les égoutter et les placer sur un torchon pour les sécher.

Dans un saladier, mélanger l'huile d'olive, le jus de citron, l'ail, la moutarde, ¼ de c. à café de sel et un peu de poivre noir.

Ajouter les haricots, les pois chiches, les tomates et la moitié de l'aneth, et mélanger. Au moment de servir, ajouter les pêches, le reste de l'aneth et 1 filet de jus de citron, si vous le souhaitez. Arroser de 1 filet d'huile d'olive supplémentaire et garnir d'amandes torréfiées. Assaisonner à votre convenance et servir.

POUR 4 PERSONNES | VEGAN & SANS GLUTEN

**ASTUCE** C'est l'une de mes salades préférées pour le déjeuner. Elle se conserve au réfrigérateur jusqu'à 3 jours.

## PRÉPARER LES NOUILLES SOBA

Les nouilles soba ont tendance à s'agglutiner davantage que les nouilles ordinaires, car elles sont à base de sarrasin. Il n'y a rien de plus triste que des nouilles soba trop cuites ! Pour les cuire parfaitement, utilisez cette méthode, qui convient aussi bien aux nouilles soba partiellement composées de sarrasin qu'aux nouilles composées à 100 % de sarrasin.

1. Porter à ébullition une grande casserole d'eau non salée.

2. Cuire selon le temps indiqué sur l'emballage ou jusqu'à ce que les nouilles soient *al dente*.

3. Égoutter les nouilles dans une passoire et les rincer à l'eau fraîche pour éliminer l'amidon qui ferait coller les nouilles.

4. Mélanger les nouilles avec 1 filet d'huile de sésame pour éviter qu'elles ne collent.

# SALADE PIQUE-NIQUE DE NOUILLES SOBA, SAUCE TAHINI-MISO

**Maintenant que nous vivons à Chicago, nous sortons dès qu'il fait beau. S'il y a une compensation au fait de survivre aux longs hivers ici, c'est que l'on apprend à apprécier les belles journées. Et les belles journées méritent de belles salades comme celles-ci, pour faire des pique-niques.**

230 g de nouilles soba
1 filet d'huile de sésame
½ chou rouge, émincé
6 feuilles de chou kale, finement hachées
¾ de concombre, coupé en spirales ou en fines rondelles
2 carottes, coupées en très fines rondelles
3 cébettes (ou cives), émincées

**Sauce**

60 ml de vinaigre de riz
60 g de tahini
60 ml d'eau
2 c. à soupe de miso
2 c. à soupe de tamari
1 c. à café d'huile de sésame
½ c. à café de gingembre frais, finement haché

**Remarque :** *habituellement, je masse le chou kale afin qu'il soit suffisamment tendre pour les salades dans lesquelles il reste cru. Toutefois, le fait de le hacher finement fonctionne également et permet de gagner du temps dans cette recette.*

Porter un grand faitout d'eau à ébullition. Préparer les nouilles selon les instructions figurant sur l'emballage. Les égoutter et les rincer sous l'eau froide, en passant les doigts à travers pour les séparer. Mélanger avec 1 filet d'huile de sésame.

Préparer la sauce : dans un petit saladier, mélanger au fouet le vinaigre de riz, le tahini, l'eau, le miso, le tamari, l'huile de sésame et le gingembre.

Dans un saladier, mélanger le chou rouge avec un peu de sauce.

Répartir le reste de la sauce dans 4 bocaux d'une capacité d'environ 500 ml. Ajouter le chou rouge, le chou kale, le concombre, les nouilles soba, les carottes et les cébettes. Pour déguster, verser la salade dans une assiette creuse, pour que la sauce coule sur la salade, en utilisant une cuillère ou une spatule pour récupérer ce qui pourrait coller au fond du bocal. Vous pouvez aussi dresser la salade immédiatement dans des assiettes creuses et arroser de sauce.

POUR 4 PERSONNES | VEGAN | POUR UNE VERSION SANS GLUTEN
Utiliser des nouilles soba 100 % sarrasin.

# SALADE DE POMMES DE TERRE SAUCE *CHIMICHURRI*

**Jack et moi sommes allés en Argentine pour notre lune de miel, et j'y ai mangé beaucoup de pommes de terre (parfois le seul « légume » proposé au dîner) et beaucoup de sauce *chimichurri*. Plus tard, je me suis rendu compte que ces deux choses, comme Jack et moi, iraient merveilleusement bien ensemble. Cette sauce *chimichurri* est vive, acidulée, légèrement piquante, et a des notes fumées grâce au paprika fumé. Des haricots verts et des radis croquants complètent cette salade de pommes de terre pleine de légumes.**

900 g de petites pommes de terre, coupées en 2

340 g de haricots verts frais, équeutés et coupés en morceaux de 2,5 cm

3 cébettes (ou cives), émincées

3 radis rouges ou 1 radis red meat ou blue meat, coupé(s) en très fines rondelles

100 g de roquette

1 ½ c. à soupe de jus de citron frais

Sel de mer et poivre noir du moulin

**Sauce *chimichurri***

60 ml d'huile d'olive vierge extra

60 ml de vinaigre de vin blanc

2 petites gousses d'ail, finement hachées

½ c. à café de flocons de piment rouge séché

¼ de c. à café de paprika fumé

½ c. à café de sel de mer

Les feuilles de ¼ de bouquet de persil frais, ciselées, 1 c. à soupe réservée pour garnir

¼ de c. à café d'origan séché

Placer les pommes de terre dans un grand faitout et les recouvrir d'eau froide (l'eau doit les dépasser d'environ 2,5 cm). Ajouter 1 c. à café de sel. Porter à ébullition, puis réduire le feu et laisser mijoter, à découvert, pendant 10 à 14 min, jusqu'à ce que les pommes de terre soient tendres (vérifier à l'aide d'une fourchette). Égoutter les pommes de terre et les réserver pour qu'elles refroidissent à température ambiante.

Pendant ce temps, remplir à nouveau le faitout d'eau, porter à ébullition et placer un saladier d'eau glacée à proximité. Plonger les haricots verts dans l'eau bouillante et les blanchir pendant 2 min, les égoutter et les plonger immédiatement dans l'eau glacée pour arrêter le processus de cuisson. Au bout de 1 min, les égoutter et les placer sur un torchon pour les sécher.

Préparer la sauce *chimichurri* : dans un petit saladier, mélanger l'huile d'olive, le vinaigre, l'ail, les flocons de piment, le paprika fumé, le sel, le persil et l'origan. La sauce seule sera peut-être piquante, mais sa saveur s'équilibrera lorsqu'elle couvrira les pommes de terre.

Transférer les pommes de terre dans un grand saladier. Ajouter les haricots verts, les cébettes, les ¾ de la sauce *chimichurri* et quelques pincées généreuses de sel et de poivre. Mélanger délicatement. Incorporer les radis, la roquette, le jus de citron et le reste de la sauce *chimichurri*. Assaisonner à votre convenance. Garnir avec le persil réservé.

POUR 6 PERSONNES EN ACCOMPAGNEMENT | VEGAN & SANS GLUTEN

# SALADE DE CAROTTES MAROCAINE AUX ÉPICES AVEC LENTILLES

**Lorsque nous avons visité le Maroc, mon plat préféré était la traditionnelle salade de carottes. J'aimais les épices parfumées qui agrémentaient ce plat si simple et si léger. Cette version est tout sauf traditionnelle, mais l'association du cumin, de la coriandre et des carottes me ramène à une chaude nuit d'été sur le toit du riad où nous séjournions. Dans cette recette, je mélange des carottes rôties et crues avec des lentilles, une vinaigrette acidulée et de la menthe. Cette salade est idéale pour accompagner les restes de repas tout au long de la semaine.**

190 g de lentilles vertes du Puy sèches, rincées

8 carottes de différentes couleurs, de taille moyenne (6 coupées en rondelles de 1 cm, 2 coupées en très fines rondelles)

3 c. à soupe d'huile d'olive vierge extra, plus un peu pour la cuisson des carottes

2 c. à soupe de vinaigre de cidre

1 gousse d'ail, finement hachée

1 c. à café de gingembre frais, râpé

1 c. à café de cumin moulu

1 c. à café de coriandre moulue

35 g de graines de courge, torréfiées et salées

150 g de roquette et de jeunes pousses d'épinards mélangées

Les feuilles de quelques brins de menthe fraîche

2 c. à café de jus de citron frais

3 c. à soupe de pickles d'oignons rouges (voir page 29?, facultatif)

Sel de mer et poivre noir du moulin

Préchauffer le four à 220 °C et recouvrir une plaque à four de papier sulfurisé.

Porter à ébullition une casserole d'eau de taille moyenne, ajouter les lentilles et faire cuire pendant 15 à 20 min, ou jusqu'à ce qu'elles soient *al dente*. Égoutter et rincer à l'eau froide. Laisser égoutter davantage avant d'ajouter les lentilles à la salade.

Répartir les rondelles de carottes plus épaisses sur la plaque à four, les arroser d'huile d'olive et les saupoudrer de sel et de poivre. Faire rôtir pendant 20 à 25 min, ou jusqu'à ce que les carottes soient tendres et dorées, mais pas trop cuites.

Pendant que les carottes rôtissent, mélanger dans un saladier l'huile d'olive, le vinaigre de cidre, l'ail, le gingembre, ½ c. à café de cumin, ½ c. à café de coriandre, 1 c. à café de sel et un peu de poivre noir. Ajouter les lentilles, les fines rondelles de carottes crues, les graines de courge, la roquette et les jeunes pousses d'épinards, la menthe et le jus de citron.

Retirer les carottes du four et, pendant qu'elles sont encore chaudes, les mélanger avec le reste de cumin et de coriandre. Les ajouter au saladier et mélanger. Ajouter les pickles d'oignons rouges (si vous en utilisez). Assaisonner à votre convenance et servir.

POUR 4 PERSONNES | VEGAN & SANS GLUTEN

**ASTUCE** Ce plat est également délicieux avec un peu de feta.

# SALADE DE MAÏS, MYRTILLES ET ROQUETTE

**Je l'appelle « la salade d'été du Michigan ». Ma mère se rend dans le Michigan presque tous les dimanches d'été pour passer du temps à la plage. Dès que la saison des myrtilles débute, elle en ramène des caisses pleines. Avec une tonne de myrtilles à utiliser, j'ai commencé à préparer cette salade avec du maïs frais et croquant. Je recommande de réserver cette recette jusqu'à ce que vous ayez des produits de saison – l'attente en vaut la peine.**

**Sauce**

2 c. à soupe d'huile d'olive vierge extra
1 c. à soupe de jus de citron frais
½ c. à café de moutarde de Dijon
1 petite gousse d'ail, finement hachée
2 c. à soupe de ciboulette fraîche, ciselée
1 pincée de sel de mer

**Salade**

Les grains de 3 épis de maïs
2 cébettes (ou cives), émincées
2 c. à soupe de pickles d'oignons rouges (voir page 297)
125 g de myrtilles fraîches
2 pêches, dénoyautées et coupées en fines tranches
70 g de roquette
100 g de graines germées (facultatif)
Sel de mer et poivre noir du moulin

Préparer la sauce : dans un petit saladier, mélanger au fouet l'huile d'olive, le jus de citron, la moutarde, l'ail, la ciboulette et le sel. Réserver.

Dans un saladier, mélanger les grains de maïs, les cébettes, les pickles d'oignons rouges, les myrtilles, les pêches et la roquette. Verser 1 filet de sauce sur la salade et mélanger. Assaisonner avec ¼ de c. à café de sel et un peu de poivre noir. Goûter et rectifier l'assaisonnement. Garnir de graines germées (si vous en utilisez).

POUR 4 PERSONNES | VEGAN & SANS GLUTEN

**ASTUCE**

Faites de cette salade un déjeuner à emporter en conservant le mélange tomates-oignon-concombre séparément du pain pita grillé, du yaourt et des pois chiches. Mélangez la quantité souhaitée au moment de servir. Répétez l'opération le lendemain avec les restes.

# FATTOUCHE AUX TOMATES ANCIENNES

**Cette salade est parfaite pour ceux qui disent ne pas aimer les salades. Les tomates, le concombre et l'oignon rouge sont marinés dans du vinaigre de Xérès et un peu d'huile d'olive. J'utilise du yaourt citronné en guise de sauce, et le tout est garni de morceaux de pitas croustillants, de pois chiches épicés rôtis et de menthe fraîche. Ajoutez du sel de mer en flocons ou 1 trait de tahini, et dégustez par une chaude soirée d'été.**

2 pitas à base de farine de blé complète, coupées en carrés de 2,5 cm de côté

80 g de pois chiches cuits égouttés et rincés (voir page 23)

2 c. à soupe d'huile d'olive vierge extra, plus un peu pour la cuisson des pois chiches et des pitas et pour servir

¼ de c. à café de sumac en poudre ou de paprika doux

1 c. à soupe de jus de citron frais, plus 1 c. à café

1 c. à soupe de vinaigre de Xérès

1 gousse d'ail, finement hachée

¼ d'oignon rouge moyen, émincé

½ concombre, coupé en rondelles de 1 cm

3 tomates anciennes, coupées en quartiers de 2,5 cm

150 g de yaourt à la grecque au lait entier

Les feuilles de quelques brins de menthe fraîche

Pincées de flocons de piment rouge séché

Tahini, pour garnir (facultatif)

Sel de mer et poivre noir du moulin

Préchauffer le four à 200 °C et recouvrir 2 plaques à four de papier sulfurisé. Placer les pitas et les pois chiches sur des plaques à four séparées, et les mélanger chacun avec 1 filet d'huile d'olive et des pincées de sel et de poivre noir. Faire cuire les pitas environ 8 min, jusqu'à ce qu'elles soient grillées. Rôtir les pois chiches environ 20 min, jusqu'à ce qu'ils soient dorés et croustillants. À la sortie du four, mélanger les pois chiches avec le sumac ou le paprika doux. Réserver.

Dans un saladier, mélanger l'huile d'olive, 1 c. à soupe de jus de citron, le vinaigre de Xérès, l'ail et ¼ de c. à café de sel. Ajouter l'oignon rouge et mélanger pour l'enrober. Ajouter le concombre, les tomates, une autre pincée de sel de mer et un peu de poivre noir. Mélanger et réserver pendant 5 min. Dans un petit saladier, mélanger le yaourt avec le jus de citron restant et ¼ de c. à café de sel.

Dresser la salade en étalant le yaourt dans un plat de service. Ajouter le mélange à base de tomates et de concombre, sans prendre tout le jus si le mélange semble trop liquide, puis ajouter les pitas, les pois chiches, la menthe et 1 filet d'huile d'olive. Parsemer de flocons de piment et assaisonner à votre convenance. Garnir de 1 trait de tahini (si vous en utilisez). Si votre tahini est trop épais, ajouter un peu d'eau pour le diluer.

POUR 4 PERSONNES

**POUR UNE VERSION VEGAN**

**Ne pas mettre de yaourt et arroser la salade avec 60 ml de sauce citron-tahini (voir page 130).**

**ASTUCE**

Conservez les restes de feuilles de betteraves pour les utiliser dans d'autres recettes (voir page 24) !

# SALADE DE BETTERAVES, *GREMOLATA* DE FEUILLES DE BETTERAVES À LA PISTACHE

**Les feuilles de betteraves sont excellentes ! Si vous ne devez retenir qu'un conseil de ce livre, c'est d'utiliser les feuilles de betteraves lorsqu'elles sont fraîches. Contrairement à certaines feuilles amères, ces feuilles sont merveilleusement douces et légèrement sucrées. Au lieu de ciseler des herbes aromatiques pour la *gremolata*, j'ai haché des feuilles de betteraves. Bien que le pamplemousse semble être un ajout étrange, son acidité complète les autres saveurs de cette salade toute rose.**

1 botte de betteraves avec les feuilles (5 petites/moyennes)

Huile d'olive vierge extra, pour arroser

50 g de radicchio coupé en morceaux ou 2 endives coupées en morceaux

2 radis, coupés en très fines tranches

Les suprêmes de 1 pamplemousse, et le jus du reste du fruit

Vinaigre de Xérès, pour arroser

Pickles d'oignons rouges (voir page 297, facultatif)

25 g de graines germées (facultatif)

Sel de mer et poivre noir du moulin

### *Gremolata* de feuilles de betteraves à la pistache

2 c. à soupe de jus de citron frais

1 c. à café de zeste de citron bio

1 gousse d'ail, finement hachée

50 g de feuilles de betteraves, finement hachées

30 g de pistaches, concassées

2 c. à soupe d'huile d'olive vierge extra

Sel de mer et poivre noir du moulin

Préchauffer le four à 220 °C. Retirer les feuilles des betteraves et les réserver.

Envelopper les betteraves dans du papier d'aluminium avec 1 filet d'huile d'olive et 1 pincée de sel. Les rôtir pendant 1 h ou jusqu'à ce qu'elles soient tendres (vérifier à l'aide d'une fourchette). Le temps de cuisson dépend de la taille et de la fraîcheur des betteraves. Sortir les betteraves du four et les déballer. Lorsqu'elles sont froides au toucher, les mettre sous l'eau pour enlever la peau à la main. Couper les betteraves en quartiers et les mettre au frais jusqu'au moment du dressage.

Préparer la *gremolata* de feuilles de betteraves : dans un saladier, mélanger le jus de citron, le zeste de citron et l'ail. Incorporer les feuilles de betteraves, les pistaches et une généreuse pincée de sel et de poivre. Ajouter l'huile d'olive et assaisonner à votre convenance.

Disposer le radicchio et les radis sur un plat de service et les arroser d'huile d'olive, de jus de pamplemousse (en réserver un peu), de 1 pincée de sel et de poivre noir. Mélanger délicatement. Ajouter les suprêmes de pamplemousse et les betteraves, et arroser de vinaigre de Xérès, d'huile d'olive, et du jus de pamplemousse restant. Recouvrir de pickles d'oignons rouges (si vous en utilisez) et de 1 c. à soupe de *gremolata*. Parsemer de graines germées (si vous en utilisez) et de sel.

POUR 4 PERSONNES EN ACCOMPAGNEMENT | VEGAN & SANS GLUTEN

# SALADE DE SUCRINE ET D'ASPERGES, SAUCE CRÉMEUSE À L'ANETH

**Cette salade, c'est le printemps dans une assiette. Avec des asperges vertes blanchies, des petits pois, des radis et des herbes aromatiques fraîches recouverts d'une vinaigrette crémeuse à l'aneth, c'est une excellente façon d'utiliser les légumes précoces du marché.**

### Sauce crémeuse à l'aneth (il vous en restera)

1 avocat mûr

3 c. à soupe de jus de citron frais

½ gousse d'ail, épluchée

Quelques brins d'aneth, grossièrement ciselés, plus un peu pour garnir

120 ml d'eau, plus un peu si nécessaire

½ c. à café de sel de mer

Poivre noir du moulin

### Salade

2 tranches de pain complet, coupées en cubes

Huile d'olive vierge extra, pour arroser

170 g d'asperges vertes, parties tendres seulement, coupées en morceaux de 2,5 cm

85 g de sucrine ou de laitue pommée

40 g de petits pois, décongelés s'ils sont surgelés, blanchis s'ils sont frais

1 radis red meat ou blue meat ou 2 radis rouges, coupé(s) en très fines rondelles

2 mini-concombres, coupés en lanières

2 c. à soupe de pickles d'oignons rouges (voir page 297)

½ avocat mûr, coupé en dés

2 c. à soupe de feuilles de menthe fraîche

2 c. à soupe de ciboulette fraîche, ciselée

40 g de feta, émiettée

Sel de mer en flocons (flocons de sel de Maldon ou fleur de sel), pour saupoudrer

Préchauffer le four à 180 °C et recouvrir une plaque à four de papier sulfurisé.

Préparer la sauce crémeuse à l'aneth : dans un blender, mettre l'avocat, le jus de citron, l'ail, l'aneth, l'eau, le sel et un peu de poivre noir et mixer jusqu'à obtenir un mélange homogène. Si la sauce est trop épaisse, ajouter un peu plus d'eau ou d'huile d'olive, au choix.

Mélanger les cubes de pain avec 1 filet d'huile d'olive et 1 pincée de sel en flocons et les passer au four pendant 10 à 15 min, jusqu'à ce qu'ils soient croustillants.

Porter à ébullition un grand faitout d'eau salée et placer un saladier d'eau glacée à proximité. Plonger les asperges dans l'eau bouillante et les blanchir pendant 1 à 2 min, jusqu'à ce qu'elles soient tendres mais encore bien vertes. À l'aide d'une écumoire, retirer les asperges de l'eau bouillante et les plonger dans l'eau glacée. Les refroidir pendant 1 min, puis les égoutter et les transférer sur un torchon pour les sécher.

Pour dresser la salade, placer les feuilles de sucrine (ou de laitue) dans un plat et ajouter quelques cuillerées à soupe de sauce espacées régulièrement. Répartir les asperges, les petits pois, les croûtons, les radis, les concombres, les pickles d'oignons rouges, l'avocat, la menthe, la ciboulette et la feta. Recouvrir d'aneth et de nouvelles cuillerées à soupe de sauce. Saupoudrer généreusement de sel en flocons et servir.

POUR 4 À 6 PERSONNES

**ASTUCE** Le lendemain, tartinez les restes de sauce sur des toasts.

## TABLEAU GÉANT DES

# SAUCES SALADE

{ASSAISONNER DE SEL DE MER ET DE POIVRE NOIR DU MOULIN À VOTRE CONVENANCE}

| | | | | | | |
|---|---|---|---|---|---|---|
| THYM-CITRON | 2 c. à soupe de jus de citron | 1 gousse d'ail, finement hachée | ½ c. à café de moutarde de Dijon | 2 c. à café de feuilles de thym | 60 ml d'huile d'olive | + *¼ de c. à café de sel de mer* |
| CITRON-CITRONNELLE | 120 ml de lait de coco | 2 c. à café de citronnelle, émincée | 2 c. à café de jus de citron | 1 c. à café de tamari | 1 c. à café de gingembre, râpé | + *¼ de c. à café de sel de mer* |
| MÉDITERRANÉENNE | 1 c. à soupe de vinaigre de Xérès | 1 gousse d'ail, finement hachée | ½ c. à café d'origan séché | 1 tomate séchée, hachée | 60 ml d'huile d'olive | + *¼ de c. à café de sel de mer* |
| CITRON-TAHINI | 60 g de tahini | 2 c. à soupe de jus de citron | 3 c. à soupe d'eau | 1 gousse d'ail, finement hachée | ½ c. à café de sirop d'érable | + *¼ de c. à café de sel de mer* |
| SÉSAME-ORANGE | 60 ml de jus d'orange frais | 2 c. à soupe de vinaigre de riz | 1 c. à soupe de tamari | ½ c. à café de sauce *sriracha* | 1 c. à café d'huile de sésame | |
| GINGEMBRE-MISO | 2 c. à soupe de miso | 2 c. à soupe de vinaigre de riz | 1 c. à soupe de tamari | 1 c. à café de gingembre, finement haché | 2 c. à soupe d'huile d'olive | |
| NOIX DE CAJOU-NOIX DE COCO | 65 g de purée de noix de cajou | 120 ml de lait de coco | 2 c. à soupe de jus de citron vert | 1 c. à soupe de tamari | 1 c. à café de sauce *sriracha* | |

## POIS CHICHES

- 65 g de houmous
- 60 ml d'eau
- 1 c. à soupe de persil, ciselé
- 1 c. à soupe de ciboulette, ciselée
- 2 c. à café d'estragon, ciselé
- + *¼ de c. à café de sel de mer*

## VINAIGRETTE PESTO

- 40 g de pignons de pin, finement concassés
- 2 c. à soupe de jus de citron
- 1 gousse d'ail, finement hachée
- 2 c. à soupe de basilic, ciselé
- 60 ml d'huile d'olive
- + *¼ de c. à café de sel de mer*

## AÏOLI AU PIMENT *CHIPOTLE*

- 70 g de mayonnaise
- 2 c. à soupe de jus de citron vert
- 1 gousse d'ail, finement hachée
- ½ c. à café de sirop d'érable
- 1 c. à café de poudre de piment *chipotle*

## CAROTTE-GINGEMBRE (MIXÉE)

- 1 grosse carotte, rôtie et coupée en morceaux
- 2 c. à soupe de vinaigre de riz
- 2 c. à café de gingembre, haché
- 60 ml d'huile d'olive
- 120 ml d'eau
- + *¼ de c. à café de sel de mer*

## SAUCE *MOJO* AU POIVRON ROUGE (MIXÉE)

- 1 poivron rouge, grillé
- 1 gousse d'ail, rôtie
- 2 c. à soupe de jus de citron vert
- 1 c. à café de paprika fumé
- 60 ml d'huile d'olive
- + *¼ de c. à café de sel de mer*

## YAOURT AU CURRY

- 150 g de yaourt à la grecque
- 1 c. à soupe de jus de citron
- 1 c. à soupe d'huile d'olive
- 1 c. à café de curry en poudre
- 1 c. à soupe d'eau
- + *¼ de c. à café de sel de mer*

## VINAIGRE DE CIDRE-SAUGE

- 60 ml d'huile d'olive
- 2 c. à soupe de vinaigre de cidre
- 2 c. à café de sirop d'érable
- ½ c. à café de cannelle moulue
- 16 feuilles de sauge, ciselées
- + *½ c. à café de sel de mer*

## SAUCE RANCH HEALTHY (MIXÉE)

- 75 g de noix de cajou crues
- 120 ml d'eau
- 3 c. à soupe de concombre, coupé en dés
- 2 c. à soupe de jus de citron vert
- ½ gousse d'ail, épluchée
- + *½ c. à café de sel de mer*

## ANETH-AVOCAT (MIXÉE)

- 1 avocat mûr, dénoyauté
- 3 c. à soupe de jus de citron
- ½ gousse d'ail, épluchée
- Quelques brins d'aneth frais
- 120 ml d'eau
- + *½ c. à café de sel de mer*

# PLATS

# CHAPITRE

# 5

# PÂTES AUX ASPERGES, AUX POIS GOURMANDS ET AUX FLEURS DE CIBOULETTE

**Depuis que nous vivons à Chicago, nos balades dans les marchés dépendent de la météo, mais lorsque la saison s'y prête, ils sont florissants. Cette recette a été inspirée par une sortie au marché au début du printemps. J'en suis revenue avec de magnifiques pois gourmands, des asperges et ces fleurs violettes de ciboulette qui sont délicieuses et que vous pouvez parsemer sur tout (les tiges de ciboulette conviennent également). Les pâtes utilisées ici ont la même forme et taille que les pois gourmands et les morceaux d'asperges. On a l'impression de manger une grande assiette de pâtes, en réalité pour moitié composée de légumes !**

- Le zeste et le jus de 1 citron bio
- 1 ½ c. à café de moutarde de Dijon
- 280 g de penne ou de *casarecce*
- 2 c. à soupe d'huile d'olive vierge extra
- 5 radis, coupés en 2 ou en 4
- 1 botte d'asperges (230 g), extrémités retirées, coupées en morceaux de 2,5 cm
- 160 g de pois gourmands, fils retirés
- 1 petite botte de ciboulette fraîche, ciselée
- 2 gousses d'ail, finement hachées
- 60 ml de vin blanc sec
- 45 g de parmesan râpé
- 3 c. à soupe de fleurs de ciboulette ou de ciboulette fraîche ciselée
- 2 c. à soupe de fleurs ou de feuilles de thym
- Sel de mer et poivre noir du moulin

Mélanger le jus de citron et la moutarde. Réserver.

Porter à ébullition un grand faitout d'eau salée. Cuire les pâtes selon les instructions figurant sur l'emballage, jusqu'à ce qu'elles soient *al dente*. Réserver 120 ml de l'eau de cuisson des pâtes, puis égoutter.

Faire chauffer 1 c. à soupe d'huile d'olive dans une grande poêle à feu moyen. Ajouter les radis, les asperges, les pois gourmands, la ciboulette, ½ c. à café de sel et un peu de poivre noir. Faire revenir pendant 3 à 4 min, jusqu'à ce que les légumes verts soient tendres, mais qu'ils restent croquants. Ajouter l'ail et le vin blanc et cuire pendant 1 min supplémentaire pour faire légèrement réduire le vin.

Retirer la poêle du feu et incorporer les pâtes. Ajouter le mélange jus de citron-moutarde, l'eau de cuisson des pâtes réservée, la moitié du parmesan et le zeste de citron. Mélanger jusqu'à ce que les pâtes soient bien enrobées. Goûter et rectifier l'assaisonnement si nécessaire.

Transférer dans un plat et décorer avec les fleurs de ciboulette et de thym. Arroser avec l'huile d'olive restante et servir avec le parmesan restant.

**POUR 4 PERSONNES**

**POUR UNE VERSION SANS GLUTEN**
**Utiliser des pâtes sans gluten.**

# FALAFELS DE LENTILLES CORAIL AU FOUR

**Pour ne pas mettre trop de pois chiches dans ce livre, j'ai réalisé cette recette de falafels avec des lentilles corail. J'attire votre attention sur le fait que dans cette recette, les lentilles doivent être trempées pendant une nuit. Ensuite, ces falafels se préparent rapidement à l'aide d'un robot. Arrosez-les d'un peu d'huile d'olive avant de les cuire pour qu'ils deviennent croustillants sans être frits. Ne goûtez pas la préparation avant de la faire cuire, car les lentilles crues sont très amères. Mais une fois que les falafels seront sortis du four, vous comprendrez pourquoi ce mélange est si spécial.**

190 g de lentilles corail non cuites, trempées pendant 1 nuit, égouttées et rincées

1 échalote moyenne, hachée

40 g de graines de chanvre

3 gousses d'ail

1 c. à café de cumin moulu

1 c. à café de coriandre moulue

¼ de c. à café de piment de Cayenne moulu

1 c. à café de zeste de citron bio

¼ de c. à café de levure chimique

½ bouquet de coriandre fraîche, feuilles et tiges, ciselé

½ bouquet de persil frais, feuilles et tiges, ciselé

1 c. à soupe d'huile d'olive vierge extra, plus un peu pour arroser les falafels

35 g de chapelure panko

Sel de mer

**Sauce tahini-citron**

60 g de tahini

2 c. à soupe de jus de citron frais

3 c. à soupe d'eau, plus un peu si nécessaire

¼ de c. à café de sel de mer

**Pour servir**

4 pitas complètes

Harissa maison (voir page 281) ou du commerce (facultatif)

2 belles feuilles (35 g) de romaine hachées

4 c. à soupe de pickles d'oignons rouges (voir page 297)

⅓ de concombre, coupé en dés

1 radis red meat ou blue meat, coupé en très fines rondelles

Les feuilles de quelques brins de coriandre ou de menthe fraîche

*Suite en page suivante*

Kitchen

Préchauffer le four à 220 °C et recouvrir une grande plaque à four de papier sulfurisé.

Dans un grand robot, mettre les lentilles trempées (elles seront bien bombées mais encore crues à ce stade), l'échalote, les graines de chanvre, l'ail, le cumin, la coriandre moulue, le piment de Cayenne, le zeste de citron, 1 c. à café de sel, la levure chimique, la coriandre fraîche, le persil et l'huile d'olive. Mixer jusqu'à ce que les ingrédients soient bien mélangés, mais pas réduits en purée. Utiliser une spatule pour racler les parois du bol si nécessaire. Transférer le mélange dans un saladier et incorporer la chapelure.

À l'aide d'une cuillère à glace, former 18 boulettes (en faisant attention à ne pas trop les compacter, sinon les falafels seront denses). Placer les boulettes sur la plaque et aplatir doucement pour former des galettes épaisses.

Arroser les galettes d'huile d'olive et les cuire au four pendant 10 min. Les retourner et les faire cuire pendant 7 min supplémentaires ou jusqu'à ce qu'elles soient dorées et croustillantes à l'extérieur. Quelques minutes avant la fin de la cuisson, envelopper les pitas dans du papier d'aluminium et les mettre au four.

Pendant ce temps, préparer la sauce tahini-citron : dans un saladier, mélanger au fouet le tahini, le jus de citron, l'eau et le sel. Diluer avec plus d'eau si nécessaire pour obtenir une consistance qui puisse se verser.

À l'aide d'un couteau, ouvrir les pitas chaudes et les garnir de 1 filet de sauce tahini-citron, de harissa (si vous en utilisez), de laitue, de pickles d'oignons rouges, de 2 ou 3 falafels, de concombre, de radis et de coriandre ou de menthe. Servir avec le reste de la sauce tahini-citron.

**POUR 6 PERSONNES** | **VEGAN** | **POUR UNE VERSION SANS GLUTEN**

**Utiliser de la chapelure panko et des pains sans gluten.**

# TOURTES INDIVIDUELLES RÉCONFORTANTES AUX CHAMPIGNONS ET HARICOTS BLANCS

**Chaque année, en novembre, j'aime publier une recette de plat végétarien sur notre blog pour Thanksgiving. Cela fait un certain temps que je veux proposer une tourte végétale, et cette recette s'est avérée si bonne que j'ai su que je voulais la garder pour ce livre ! La garniture copieuse à base de champignons et de haricots blancs se prépare en un rien de temps, et le goût du thym frais se marie parfaitement avec le vinaigre balsamique acidulé. La croûte est faite avec une pâte préparée avec de l'huile de coco désodorisée.**

**Pâte**

90 g de farine de blé T 110

90 g de farine de blé tous usages, plus un peu pour étaler la pâte

1 c. à soupe de sucre de canne blond

½ c. à café de sel de mer

120 g d'huile de coco désodorisée*, solide

3 à 4 c. à soupe d'eau glacée

** Utilisez de l'huile de coco désodorisée plutôt que de l'huile de coco vierge pour éviter de donner un goût de noix de coco aux tourtes.*

**Garniture**

1 c. à soupe de fécule de maïs

240 ml de bouillon de légumes (voir page 104)

1 c. à soupe d'huile d'olive vierge extra

1 oignon jaune moyen, haché

2 branches de céleri, coupées en rondelles

450 g de champignons de Paris bruns, coupés en tranches

2 c. à soupe de vinaigre balsamique

525 g de haricots Cannellini cuits égouttés et rincés (voir page 23)

2 gousses d'ail, finement hachées

2 c. à soupe de feuilles de thym

Sel de mer et poivre noir du moulin

*Suite en page suivante*

Préparer la pâte : dans un saladier, mélanger au fouet les farines, le sucre et le sel.

Transférer la moitié du mélange de farines dans un robot et ajouter l'huile de coco à l'aide d'une cuillère. Mixer jusqu'à ce que la préparation devienne friable, puis ajouter le reste du mélange de farines et mixer jusqu'à ce que la préparation ressemble à du sable grossier.

Transférer la préparation dans le saladier d'origine. Ajouter progressivement l'eau glacée et utiliser une spatule en caoutchouc pour mélanger et rassembler la pâte. Pétrir la pâte jusqu'à obtenir une boule lisse. Former un disque de 4 cm d'épaisseur, l'envelopper dans du film alimentaire et le mettre au réfrigérateur pendant 30 min.

Pendant ce temps, préparer la garniture : dans un saladier, mélanger au fouet la fécule de maïs et 60 ml de bouillon de légumes. Réserver. Chauffer l'huile d'olive dans une grande poêle à feu moyen. Ajouter l'oignon, le céleri et 1 c. à café de sel, et faire revenir pendant environ 5 min, jusqu'à ce que ce soit tendre. Ajouter les champignons et cuire, en mélangeant ou en remuant la poêle de temps en temps, environ 8 min supplémentaires, jusqu'à ce qu'ils soient tendres. Verser le vinaigre balsamique, puis ajouter les haricots, l'ail, le reste de bouillon, le thym et un peu de poivre noir. Porter à ébullition et incorporer le mélange à base de fécule de maïs pour épaissir la garniture. Éteindre le feu.

Préchauffer le four à 200 °C.

Placer la pâte refroidie sur une surface légèrement farinée ou sur du papier sulfurisé fariné. La couper en 4 pâtons et les étaler en disques de 14 cm de diamètre. Si la pâte est trop ferme, la laisser reposer pendant 10 min à température ambiante. Si elle est trop collante, ajouter de la farine. Si la pâte se fissure, colmater les fissures et continuer à l'étaler. Choisir des ramequins pour soufflés individuels de 12 cm de diamètre.

Répartir la garniture dans les ramequins et placer délicatement un disque de pâte sur le dessus. Replier le surplus et sceller les bords avec les doigts.

Placer les ramequins sur une plaque à four et cuire au four pendant 25 à 30 min, ou jusqu'à ce que la pâte soit dorée.

Ces tourtes se congèlent bien. Réchauffer les tourtes congelées dans un four à 180 °C pendant 45 min.

POUR 4 À 6 PERSONNES | VEGAN

**ASTUCE** Si vous n'avez pas de ramequins individuels, vous pouvez utiliser un moule à tarte de 22 cm de diamètre.

# « STEAKS » DE CHOU-FLEUR, *SALSA VERDE* AU CITRON

**On peut cuisiner le chou-fleur de tant de façons différentes, et j'aime la manière dont cette recette utilise ce légume des fleurettes au trognon. Les « steaks » sont coupés dans la partie centrale, où le trognon maintient les tiges ensemble. Les fleurettes restantes sont utilisées pour faire une purée crémeuse. Il s'agit d'un plat chaud et copieux, rehaussé par la *salsa verde* aux citrons confits.**

1 chou-fleur moyen

2 c. à soupe d'huile d'olive vierge extra, plus un peu pour la cuisson des « steaks » de chou-fleur

2 gousses d'ail, épluchées

1 c. à soupe de miso blanc

1 c. à soupe de jus de citron frais

1 c. à soupe d'eau, plus un peu si nécessaire

Du zeste de citron bio, pour décorer (facultatif)

Sel de mer et poivre noir du moulin

**_Salsa verde_ au citron**

3 c. à soupe de dés de citrons confits express (voir page 279)

Les feuilles de quelques brins de persil ou de basilic frais, ciselées

2 c. à café de câpres

2 c. à soupe de pignons de pin, torréfiés

¼ de c. à café de flocons de piment rouge séché et/ou 1 petit piment rouge, émincé

2 c. à soupe d'huile d'olive vierge extra

Sel de mer et poivre noir du moulin

Préchauffer le four à 220 °C et recouvrir une plaque à four de papier sulfurisé.

Retirer les feuilles extérieures du chou-fleur, puis couper 4 « steaks » (de 2,5 cm d'épaisseur) à partir du milieu du chou-fleur, en gardant le trognon intact (cela permet de maintenir les tiges ensemble). Placer les « steaks » sur la plaque, les arroser d'huile d'olive et les frotter généreusement des 2 côtés avec du sel et du poivre. Les faire rôtir pendant 30 min ou jusqu'à ce que le trognon soit tendre (vérifier à l'aide d'une fourchette).

Couper le reste du chou-fleur en fleurettes et porter à ébullition une casserole d'eau salée. Ajouter les fleurettes de chou-fleur et les gousses d'ail dans l'eau et faire cuire pendant 5 à 7 min, ou jusqu'à ce qu'elles soient tendres (vérifier à l'aide d'une fourchette). À l'aide d'une écumoire, transférer les fleurettes et l'ail dans un blender. Laisser refroidir légèrement, puis ajouter l'huile d'olive, le miso, le jus de citron et l'eau. Réduire le mélange en purée, en utilisant la spatule du blender ou en faisant des pauses pour remuer si besoin. Si nécessaire, ajouter 1 à 2 c. à soupe d'eau pour obtenir une purée lisse. Assaisonner à votre convenance.

Préparer la *salsa verde* au citron : dans un saladier, mélanger les citrons confits, le persil (ou le basilic), les câpres, les pignons de pin, les flocons de piment (et/ou le piment), du sel et du poivre. Incorporer l'huile d'olive.

Dresser chaque assiette avec de la purée de chou-fleur et un « steak ». Ajouter de la *salsa verde* au citron et décorer avec du zeste de citron (si vous en utilisez). Assaisonner à votre convenance et servir.

POUR 4 PERSONNES | VEGAN & SANS GLUTEN

# BUDDHA BOWLS AUX SHIITAKÉS ET AU PAK-CHOÏ

**C'est mon plat réconfort préféré. C'est bien chaud, et je me sens rassasiée sans me sentir lourde. La sauce crémeuse aux noix est la clé de cette recette – elle est si bonne que vous aurez envie d'en ajouter sur tout !**

### Tofu à la sauce *sriracha*

400 g de tofu extra-ferme, pressé et coupé en cubes

2 c. à soupe de tamari

½ c. à café de sauce *sriracha*

### Sauce au miso, aux noix et au gingembre (il vous en restera)

85 g de noix

2 c. à soupe de vinaigre de riz

2 c. à soupe de miso blanc

1 morceau de gingembre frais de 1 cm, finement haché

½ gousse d'ail, épluchée

½ c. à café de sirop d'érable

60 à 80 ml d'eau

### Pour les bowls

2 c. à café d'huile d'olive vierge extra, plus un peu pour arroser

280 g de champignons shiitakés, pieds retirés, coupés en tranches

Tamari

1 c. à café de vinaigre de riz

1 botte de légumes-feuilles, grandes feuilles hachées (chou tatsoi, blettes, pak-choï ou bok choy, chou kale...)

340 g de riz complet, cuit (voir page 22)

2 c. à soupe de fines tranches de gingembre mariné

50 g de graines germées

1 c. à soupe de graines de sésame

Sauce *sriracha*, pour servir

Préparer le tofu à la sauce *sriracha* : préchauffer le four à 220 °C et recouvrir une plaque à four de papier sulfurisé. Mélanger le tofu avec le tamari et le répartir uniformément sur la plaque. Cuire au four pendant 20 min. Retirer le tofu du four et le mélanger avec la sauce *sriracha*.

Préparer la sauce au miso : dans un blender, mettre les noix, le vinaigre de riz, le miso, le gingembre, l'ail, le sirop d'érable et 60 ml d'eau et mélanger jusqu'à obtenir une consistance lisse. Ajouter de l'eau si nécessaire pour obtenir la bonne consistance.

Préparer la base du bowl : faire chauffer l'huile d'olive dans une poêle de taille moyenne à feu moyen. Ajouter les champignons et mélanger pour les enrober. Cuire, en remuant de temps en temps, jusqu'à ce que les champignons soient tendres. Ajouter 1 filet de tamari et remuer la poêle pour enrober les champignons. Ajouter le vinaigre de riz, remuer, puis transférer dans une assiette et réserver.

Laver la poêle et y verser un fond de 1 cm d'eau. Ajouter les légumes-feuilles, couvrir et les laisser cuire pendant 3 à 6 min selon le type de légumes-feuilles, jusqu'à ce qu'ils soient ramollis mais toujours d'un vert éclatant. Les retirer de la poêle et les égoutter.

Mélanger le riz complet avec un peu de sauce au miso et dresser les bowls avec le riz, les légumes-feuilles, les champignons, le tofu, le gingembre mariné, les graines germées et les graines de sésame. Servir avec le reste de la sauce au miso, du tamari et de la sauce *sriracha* sur le côté.

POUR 4 PERSONNES | VEGAN & SANS GLUTEN

# BURRITOS AU « RIZ » DE BROCOLI ET AUX HARICOTS NOIRS

**Je râpe le chou-fleur depuis des années, mais la couleur vive du riz vert mexicain traditionnel m'a donné envie d'essayer un « riz » de brocoli. Cette garniture légère pour burritos permet d'utiliser toute la tête de brocoli, de la tige aux fleurettes. En incorporant un peu de riz complet pour la texture ainsi que de la coriandre et du citron vert pour la saveur, je suis devenue une adepte du « riz » de brocoli ! J'adore manger ce plat sous forme de burrito, mais vous pouvez aussi servir ces ingrédients dans un bowl ! Ne manquez pas l'aïoli au piment *chipotle*, qui donne vraiment du punch à l'ensemble.**

**Aïoli au piment *chipotle***

70 g de mayonnaise

2 c. à soupe de jus de citron vert frais

1 gousse d'ail, finement hachée

½ c. à café de sirop d'érable

1 c. à café de poudre de piment *chipotle**

***Pico de gallo* express**

1 à 2 petites tomates, coupées en dés

½ oignon blanc moyen, coupé en dés

Les feuilles de quelques brins de coriandre fraîche, ciseléees

2 c. à soupe de jus de citron vert frais

1 gousse d'ail, finement hachée

½ piment *jalapeño*, pédoncule retiré, haché

¼ de c. à café de sel de mer

** Cette sauce est très piquante. Si vous êtes sensible au piment, n'utilisez que ½ c. à café de poudre de piment* chipotle.

**« Riz » de brocoli à la coriandre et au citron vert**

1 petite tête de brocoli avec la tige (230 g)

Huile d'olive vierge extra, pour badigeonner

2 cébettes (ou cives), émincées

1 gousse d'ail, finement hachée

2 c. à soupe de tiges de coriandre fraîche ciselées + les feuilles de ¼ de bouquet, réservées

¼ de c. à café de cumin moulu, ou plus à votre convenance

1 citron vert, pour le presser

170 g de riz complet, cuit (voir page 22)

Sel de mer et poivre noir du moulin

**Pour servir**

4 grandes tortillas

175 g de haricots noirs cuits égouttés et rincés (voir page 23)

1 avocat mûr, dénoyauté et coupé en dés (facultatif)

50 g de feta ou de *cotija* émiettée (facultatif)

*Suite en page suivante*

Préparer l'aïoli au piment *chipotle* : dans un bol, mélanger la mayonnaise, le jus de citron vert, l'ail, le sirop d'érable et la poudre de piment *chipotle*. Mettre au réfrigérateur jusqu'au moment de servir.

Préparer le *pico de gallo* express : dans un bol, mélanger la tomate, l'oignon, la coriandre, le jus de citron vert, l'ail, le piment *jalapeño* et le sel. Réserver.

Préparer le « riz » de brocoli : enlever les parties dures des tiges du brocoli. Couper le reste du brocoli en morceaux de 2,5 cm. Les placer dans un mixeur et les mixer jusqu'à obtenir une sorte de « riz ». Faire chauffer une poêle antiadhésive à feu moyen-doux et la badigeonner d'huile d'olive. Ajouter le brocoli, les cébettes, l'ail, les tiges de coriandre, ¼ de c. à café de sel et un peu de poivre noir. Faire revenir en remuant pendant 1 min ; il faut que ce soit légèrement chaud mais encore vert vif. Retirer la poêle du feu et incorporer le cumin, un peu de jus de citron vert et le riz complet. Assaisonner à votre convenance et réserver.

Préparer les burritos : réchauffer légèrement les tortillas au-dessus de la flamme d'une cuisinière à gaz ou au four, enveloppées dans du papier d'aluminium, afin qu'elles soient souples. Déposer les garnitures au centre des tortillas : le « riz » de brocoli, les haricots noirs, l'avocat (si vous en utilisez) et le *pico de gallo*. Ajouter de l'aïoli au piment *chipotle* et parsemer de feuilles de coriandre et de fromage émietté (si vous en utilisez). Rouler les burritos en rentrant les extrémités et servir.

**POUR 4 PERSONNES**

**POUR UNE VERSION VEGAN**

**Utiliser de la mayonnaise vegan dans l'aïoli, et ne pas mettre de fromage.**

**POUR UNE VERSION SANS GLUTEN**

**Utiliser des tortillas sans gluten.**

**ASTUCE**

Pour gagner du temps, utilisez du riz complet congelé (voir page 38) dans cette recette. Réchauffez-le au micro-ondes avant de l'utiliser ou laissez-le décongeler à température ambiante pendant 30 min.

## FAIRE DU « RIZ » DE LÉGUMES

Le « riz » de chou-fleur est devenu très tendance, mais on peut aussi transformer d'autres légumes en « riz » ! Voici mes préférés :

Brocoli
Chou-fleur
Carottes
Betteraves

**1.**

S'assurer que le légume est complètement sec.

**2.**

Le couper en morceaux de 2,5 cm. Pour le brocoli et le chou-fleur, inclure les tiges ainsi que les fleurettes.

**3.**

Placer les morceaux dans un mixeur et les mixer jusqu'à obtenir un aspect de « riz ». Travailler par lots si nécessaire, et ne pas trop mixer pour ne pas rendre le « riz » pâteux.

**4.**

J'aime assaisonner et cuire mon « riz » selon la méthode du « riz » de brocoli ci-contre. Utiliser du « riz » de légumes dans toutes les recettes qui prévoient du riz en accompagnement, ou faites preuve de créativité en créant vos propres bowls de légumes colorés !

**ASTUCE**

Si vous n'avez pas de saumure de pickles d'oignons rouges à portée de main, faites mariner les tranches de radis dans du vinaigre de vin blanc avec 1 pincée de sel de mer et 1 pincée de sucre de canne blond.

# SOCCA PRINTANIÈRE

**La socca est un pain plat à base de farine de pois chiche que nous avons dégusté à Nice et à Buenos Aires. Elle ne nécessite que trois ingrédients et une seule farine, et vous allez en refaire, encore et encore. L'astuce pour réussir une socca aux bords croustillants est de vous assurer que votre poêle en fonte est bien chaude avant d'y mettre la pâte, alors n'oubliez pas de mettre la poêle au four pendant le préchauffage.**

2 radis red meat, coupés en très fines tranches

Saumure de pickles d'oignons rouges (voir page 297)

1 c. à soupe d'huile d'olive vierge extra

Tartinade d'épinards à la coriandre (voir page 300)

45 g de petits pois surgelés, décongelés

50 g de feta, émiettée

1 à 2 c. à soupe de citrons confits express, hachés (voir page 279)

Les feuilles de quelques brins de menthe fraîche

¼ de c. à café de flocons de piment rouge séché

**Socca**

125 g de farine de pois chiche

250 ml d'eau

2 c. à soupe d'huile d'olive vierge extra

½ c. à café de sel de mer

Couper les tranches de radis en 4 et les déposer dans un petit bocal ou un bol. Couvrir les tranches avec la saumure de pickles d'oignons rouges. Laisser mariner pendant 1 h.

Préchauffer le four à 245 °C et y mettre une poêle en fonte de 30 cm de diamètre.

Préparer la socca : dans un saladier, fouetter la farine de pois chiche, l'eau, l'huile d'olive et le sel jusqu'à obtenir un mélange homogène. Couvrir et réserver pendant 30 min.

Retirer la poêle préchauffée du four et la badigeonner avec la c. à soupe d'huile d'olive. Verser la pâte dans la poêle et faire cuire au four pendant 17 à 19 min, ou jusqu'à ce que la socca soit bien dorée et croustillante sur les bords – plus elle est croustillante, mieux c'est. Retirer du four, laisser refroidir légèrement, puis utiliser une spatule pour détacher la socca de la poêle et la transférer sur un plat de service.

Recouvrir la socca de tartinade d'épinards et garnir avec les morceaux de radis égouttés, les petits pois, la feta, les citrons confits, les feuilles de menthe et les flocons de piment. Couper en parts et servir.

POUR 2 PERSONNES

POUR UNE VERSION VEGAN
Supprimer la feta ou utiliser de la « feta » végétale.

SANS GLUTEN

# TACOS AU « POISSON » D'ARTICHAUT PANÉ AU FOUR

**Cette recette est née de ma volonté de proposer une version végétarienne du *po'boy*, un sandwich typique de la Louisiane garni de crudités et de bœuf rôti ou de fruits de mer frits. J'aimais l'association des artichauts en saumure cuits au four et de la sauce tartare acidulée, mais je n'étais pas fan du pain utilisé pour ce plat. J'ai laissé cette recette de côté, jusqu'à ce que je me dise : « Un taco ! » Une fine tortilla met la garniture en valeur. Ces tacos sont également très bons avec de la courge butternut, du chou-fleur ou des pleurotes, si vous voulez changer de garniture de temps en temps.**

100 g de chou rouge, râpé

1 c. à café d'huile d'olive vierge extra

1 c. à soupe de jus de citron vert frais plus 4 quartiers, pour servir

1 piment *serrano*, émincé (facultatif)

8 tortillas (15 cm), réchauffées ou légèrement grillées

Sauce tartare au yaourt à la grecque (voir page 304)

2 radis, coupés en fines rondelles

Les feuilles de ¼ de bouquet de coriandre fraîche, ciselées

Sel de mer et poivre noir du moulin

**Artichauts**

1 c. à soupe de graines de lin moulues

90 ml de boisson végétale d'amande

400 g de cœurs d'artichauts entiers en boîte

130 g de chapelure panko

2 c. à soupe de graines de chanvre

½ c. à café de paprika fumé

¼ de c. à café d'oignon semoule

Huile d'olive vierge extra, pour arroser

½ citron, pour le presser

Sel de mer et poivre noir du moulin

Dans un saladier, mélanger le chou rouge avec l'huile d'olive, le jus de citron vert, ¼ de c. à café de sel, le piment *serrano* (si vous en utilisez) et du poivre noir. Réserver.

Préparer les artichauts : préchauffer le four à 220 °C et recouvrir une plaque à four de papier sulfurisé.

Dans un petit bol, mélanger les graines de lin moulues avec la boisson végétale d'amande et laisser épaissir pendant 5 min.

Égoutter les cœurs d'artichauts, les couper en 2 et les sécher délicatement avec du papier absorbant. Dans un saladier, mélanger la chapelure panko, les graines de chanvre, le paprika fumé, l'oignon semoule, ¼ de c. à café de sel et du poivre noir.

Plonger chaque morceau d'artichaut dans le mélange à base de graines de lin, puis dans le mélange à base de chapelure panko. Les déposer sur la plaque et les arroser d'huile d'olive. Cuire au four pendant 20 min ou jusqu'à ce que les artichauts soient dorés et croustillants. Les retirer du four et les saupoudrer généreusement de sel et de poivre, puis les arroser de 1 filet de jus de citron.

Pour assembler les tacos, garnir les tortillas avec de la sauce tartare au yaourt, de la salade de chou rouge, des radis, des artichauts (2 ou 3 par tacos) et de la coriandre. Servir avec des quartiers de citron vert.

**POUR 4 PERSONNES**

# *ENCHILADAS* À LA COURGETTE ET À LA *SALSA VERDE*

**J'adore les *enchiladas* ! Je suis toujours tentée d'en commander au restaurant, mais je me retrouve souvent avec une grosse quantité de fromage dans une assiette, alors je préfère les faire à la maison. Celles-ci ne contiennent pas de fromage et sont remplies d'une triple garniture verte : courgette, piment *poblano* et tomatilles. Il y a aussi du tofu dans la garniture, mais il est indétectable une fois cuit. À la place du fromage, une crème aux noix de cajou et au citron vert est ajoutée sur le dessus, avec d'autres toppings.**

**Crème aigre aux noix de cajou et au citron vert**

150 g de noix de cajou crues

240 ml d'eau

1 gousse d'ail

2 c. à soupe de jus de citron vert frais

1 c. à café de sel de mer

***Enchiladas***

1 c. à soupe d'huile d'olive vierge extra, plus un peu pour badigeonner

1 petit oignon jaune, coupé en 2 et émincé

1 piment *poblano*, pédoncule retiré et épépiné, coupé en fines rondelles

1 petite courgette, coupée en 2 dans le sens de la longueur, puis en fines demi-lunes

½ c. à café de coriandre moulue

½ c. à café de cumin moulu

2 gousses d'ail, finement hachées

175 g de haricots noirs cuits égouttés et rincés (voir page 23)

170 g de tofu ferme, pressé et émietté

1 portion de salsa aux tomatilles (voir page 287), ou 1 petit pot de *salsa verde* mexicaine du commerce

8 tortillas de maïs, chauffées*

Sel de mer et poivre noir du moulin

**Toppings**

¼ d'oignon rouge moyen, coupé en dés

2 radis, coupés en très fines rondelles

½ avocat, coupé en dés

Les feuilles de ¼ de bouquet de coriandre fraîche, ciselées

½ piment *jalapeño* ou *serrano*, émincé (facultatif)

Quartiers de citron vert, pour servir

** Faire chauffer les tortillas pendant 20 s au micro-ondes, enveloppées dans du papier absorbant humide, ou les faire chauffer pendant 10 min au four, enveloppées dans du papier d'aluminium.*

*Suite en page suivante*

STAUB

Préchauffer le four à 200 °C. Préparer la crème aigre : dans un blender, mettre les noix de cajou, l'eau, l'ail, le jus de citron vert et le sel, et mixer jusqu'à obtenir un mélange homogène. Mettre au réfrigérateur jusqu'au moment de servir.

Préparer la garniture : dans une grande poêle, faire chauffer l'huile d'olive à feu moyen. Ajouter l'oignon, le piment *poblano* et 1 pincée de sel, et faire revenir environ 5 min, jusqu'à ce que l'oignon soit tendre. Ajouter la courgette, la coriandre et le cumin et faire cuire environ 5 min de plus, jusqu'à ce que les courgettes soient légèrement dorées.

Incorporer l'ail, ½ c. à café de sel et ½ c. à café de poivre noir. Retirer du feu et transférer la préparation dans un saladier. Incorporer les haricots noirs et le tofu.

Badigeonner un plat à four de 23 × 33 cm avec de l'huile d'olive, puis étaler une généreuse couche de sauce salsa au fond du plat. Garnir chaque tortilla de garniture. Rouler les tortillas et les placer côté « ouvert » vers le bas dans le plat. Verser le reste de la sauce salsa sur les *enchiladas,* au centre, en laissant les bords secs afin qu'ils deviennent légèrement croustillants. Cuire au four, à couvert, pendant 15 min. Découvrir et poursuivre la cuisson pendant 10 min.

Laisser les *enchiladas* refroidir légèrement, puis les arroser de la moitié de la crème aigre. Sur le dessus, ajouter l'oignon rouge, les radis, l'avocat, la coriandre et le piment *jalapeño* (si vous en utilisez). Servir avec des quartiers de citron vert et le reste de la crème aigre sur le côté.

**POUR 4 PERSONNES** | **VEGAN & SANS GLUTEN**

# SPAGHETTIS DE RADIS, SAUCE COCO-NOIX DE CAJOU

**C'est la recette idéale si, comme moi, vous aimez acheter de jolis radis colorés au marché mais que vous ne savez pas quoi en faire ! Vous pouvez désormais prendre n'importe quel radis, le transformer en « spaghettis » et y ajouter du tofu, des herbes aromatiques et une sauce épicée aux noix de cajou et à la noix de coco.**

200 g de tofu extra-ferme, pressé et coupé en cubes

1 c. à soupe de tamari, plus un peu pour servir

110 g de nouilles de varech *(kelp noodles)* ou de vermicelles de riz

40 g de noix de cajou, concassées

1 c. à café d'huile d'olive vierge extra

2 cébettes (ou cives), coupées en rondelles de 1 cm

1 gros radis daikon, coupé en spirales (200 g)

1 radis daikon violet, blue meat ou red meat, coupé en spirales

1 grosse carotte, coupée en spirales

1 concombre, coupé en spirales

50 g de pousses de haricots mungo

Les feuilles de ¼ de bouquet de coriandre fraîche, ciselées

Flocons de piment rouge séché (facultatif)

Quartiers de citron vert, pour servir

Sel de mer

**Sauce coco-noix de cajou**

65 g de purée de noix de cajou

120 ml de lait de coco

2 c. à soupe de jus de citron vert

1 c. à soupe de tamari, plus un peu pour servir

1 c. à café de sauce *sriracha*, plus un peu pour servir

Préchauffer le four à 220 °C et recouvrir une plaque à four de papier sulfurisé. Mélanger le tofu avec le tamari et le répartir uniformément sur la plaque. Cuire au four pendant 20 min.

Préparer la sauce : dans un petit saladier, mélanger au fouet la purée de noix de cajou, le lait de coco, le jus de citron vert, le tamari et la sauce *sriracha*. Réserver.

Les nouilles de varech (*kelp noodles*) ne nécessitent aucune cuisson. Il suffit de les rincer à l'eau froide et de les égoutter. Si vous utilisez des vermicelles de riz, les préparer selon les instructions figurant sur l'emballage.

Dans une petite poêle, torréfier les noix de cajou à feu doux avec 1 pincée de sel pendant environ 1 min. Les retirer de la poêle et les réserver. Essuyer la poêle et faire chauffer l'huile d'olive à feu moyen-doux. Ajouter les cébettes et les faire revenir pendant 2 à 3 min jusqu'à ce qu'elles soient tendres et légèrement dorées.

Dresser 4 bowls en déposant une généreuse couche de sauce au fond de chacun d'eux. Répartir les radis, la carotte, le concombre, les pousses de haricots mungo, les nouilles et le tofu. Ajouter les noix de cajou torréfiées et les cébettes et parsemer de coriandre et de 1 pincée de flocons de piment (si vous en utilisez) par bowl.

Servir avec des quartiers de citron vert, du tamari, de la sauce *sriracha*, des flocons de piment et le reste de la sauce coco-noix de cajou sur le côté.

POUR 4 PERSONNES | VEGAN & SANS GLUTEN

**ASTUCE** Si vous ne trouvez pas les radis indiqués, vous pouvez tout à fait les remplacer par de la courgette, coupée en spirales.

# BROCHETTES ARC-EN-CIEL DE LÉGUMES D'ÉTÉ

**C'est le genre de repas que j'aime préparer le dimanche, après être allée au marché le matin. Pratiquement tous les légumes d'été qui tiennent sur des piques à brochettes sont délicieux lorsqu'ils sont grillés à la perfection. La marinade a un petit goût acidulé grâce au vinaigre de riz et une saveur profonde grâce au tamari et au paprika fumé. N'oubliez pas les champignons : ils absorbent particulièrement bien la marinade ! Faites de ces brochettes un repas complet en les accompagnant du farro aux herbes aromatiques de la page 219.**

**Marinade**

60 ml de tamari

2 c. à soupe d'huile d'olive vierge extra

2 c. à soupe de vinaigre de riz

2 c. à soupe de sirop d'érable

1 c. à café de moutarde de Dijon

½ c. à café de paprika fumé

Poivre noir du moulin

**Légumes**

1 courgette jaune, coupée en rondelles de 2,5 cm

1 courgette moyenne, coupée en rondelles de 2,5 cm

230 g de champignons de Paris bruns, pieds retirés

1 petit oignon rouge, coupé en quartiers

1 poivron rouge, coupé en morceaux de 2,5 cm

1 poivron jaune, coupé en morceaux de 2,5 cm

1 épi de maïs frais, coupé en rondelles de 2,5 cm

1 portion de sauce ranch healthy (voir page 131), pour servir

Farro aux herbes aromatiques (voir page 219), pour servir (facultatif)

Préparer la marinade : dans un petit saladier, mélanger au fouet le tamari, l'huile d'olive, le vinaigre de riz, le sirop d'érable, la moutarde, le paprika fumé et du poivre noir.

Faire chauffer un barbecue, une plancha ou une poêle gril à feu moyen-élevé. Si vous utilisez une plancha ou une poêle gril, vaporiser un peu d'huile de cuisson en spray dessus. Répartir les légumes sur des piques à brochettes métalliques et les badigeonner généreusement de marinade de manière que tous les côtés soient bien enrobés. Faire griller les brochettes pendant 8 min de chaque côté ou jusqu'à ce que les légumes soient bien grillés.

Verser le reste de la marinade sur les brochettes et servir avec la sauce ranch healthy à côté et le farro aux herbes aromatiques (si vous en utilisez).

**Remarque :** *je préfère utiliser des piques à brochettes en métal car les piques à brochettes en bois brûlent facilement sur le gril.*

POUR 4 PERSONNES | VEGAN | POUR UNE VERSION SANS GLUTEN
Utiliser des tortillas de maïs

**ASTUCE**

Utilisez les restes de pesto dans des œufs brouillés le lendemain matin ou dans un sandwich pour le déjeuner du lendemain.

# POIVRONS FARCIS AUX HARICOTS NOIRS ÉPICÉS ET À LA MANGUE

**J'ai toujours aimé les poivrons farcis. Bien sûr, plus jeunes, ma sœur et moi mangions la farce et mettions de côté le poivron. Aujourd'hui, j'aime trop les poivrons pour les traiter de cette façon, c'est pourquoi j'aime faire griller les poivrons rouges jusqu'à ce qu'ils soient tendres, mais pas brûlés et mous. Une fois les poivrons légèrement grillés, je les garnis de cette farce à la mangue fraîche et aux haricots noirs et j'ajoute du pesto de piments *jalapeños* brûlés pour obtenir une délicieuse association sucrée et épicée.**

**Farce aux haricots noirs et à la mangue**

260 g de haricots noirs cuits égouttés et rincés (voir page 23)

150 g de grains de maïs frais

1 mangue mûre, pelée, dénoyautée et coupée en dés

Les feuilles et les tiges tendres de ½ bouquet de coriandre fraîche, ciselées

80 g de feta, émiettée

1 c. à soupe d'huile d'olive vierge extra

Le zeste et le jus de 1 citron vert bio

2 cébettes (ou cives), émincées

1 gousse d'ail, finement hachée

½ c. à café d'épices pour chili

1 piment *jalapeño*, pédoncule retiré, épépiné et émincé (facultatif)

Sel de mer et poivre noir du moulin

**Poivrons**

4 poivrons rouges, coupés en 2, évidés et épépinés

Huile d'olive vierge extra, pour arroser

Pesto de piments *jalapeños* brûlés (voir page 303)

Sel de mer et poivre noir du moulin

Préparer la farce : dans un saladier, mélanger les haricots, le maïs, la mangue, la coriandre, la feta, l'huile d'olive, le zeste et le jus de citron vert, les cébettes, l'ail, les épices pour chili, ½ c. à café de sel, du poivre noir et le piment *jalapeño* (facultatif). Assaisonner à votre convenance et réserver.

Faire chauffer un barbecue, une plancha ou une poêle gril à feu moyen. Arroser les poivrons d'huile d'olive sur toute leur surface et les saupoudrer de sel et de poivre. Griller les poivrons, côté coupé vers le bas, pendant 3 min. Les retourner et les griller 3 min supplémentaires. Les retirer.

Farcir les poivrons et les servir avec du pesto de piments *jalapeños*.

**POUR 4 PERSONNES**

**POUR UNE VERSION VEGAN**
**Ne pas mettre de fromage.**

**SANS GLUTEN**

OPEN KITCHEN
WILLIAMS SONOMA

# *PAPPARDELLE* CRÉMEUSES AU MAÏS

**Il y a un aliment qui m'a beaucoup manqué lorsque j'habitais loin de Chicago, et ce n'était ni la pizza ni les hot-dogs : c'était le maïs doux bicolore du Midwest. Maintenant que nous sommes de retour, je mange autant de maïs que possible pendant la saison. Dans cette recette, les grains de maïs sucrés et juteux associés au « lait » récupéré des épis permettent d'obtenir une sauce crémeuse parfaite sans utiliser de crème. Les noix de cajou ajoutent de la richesse, le citron (bien sûr) du punch et le paprika un goût fumé profond.**

5 épis de maïs
2 c. à soupe d'huile d'olive vierge extra
½ oignon jaune moyen, haché
2 gousses d'ail, écrasées
75 g de noix de cajou crues
60 ml d'eau, plus un peu si nécessaire
2 c. à soupe de jus de citron frais
¼ de c. à café de paprika fumé
250 g de *pappardelle* ou de pâtes de votre choix
2 cébettes (ou cives), finement émincées
150 g d'épinards frais
Les feuilles de 1 petit bouquet de basilic frais, ciselées, pour servir (facultatif)
Graines germées, pour servir (facultatif)
Sel de mer et poivre noir du moulin

Retirer les grains des épis de maïs, puis utiliser le dos d'un couteau éminceur pour racler le liquide laiteux qui reste sur l'épi.

Faire chauffer 1 c. à soupe d'huile d'olive dans une poêle de taille moyenne à feu moyen. Ajouter l'oignon et le faire revenir pendant environ 3 min, jusqu'à ce qu'il soit tendre. Ajouter 225 g de grains de maïs ainsi que les gousses d'ail entières écrasées, et cuire environ 3 min supplémentaires jusqu'à ce que tout soit tendre. Transférer le tout dans un blender et ajouter le liquide du maïs, les noix de cajou, l'eau, le jus de citron, le paprika fumé, ½ c. à café de sel et du poivre noir. Mixer jusqu'à obtenir une consistance crémeuse, en ajoutant de l'eau si nécessaire pour obtenir une sauce qui puisse être versée. Réserver.

Porter à ébullition un grand faitout d'eau salée. Cuire les pâtes selon les instructions de l'emballage, pour qu'elles soient *al dente*. Réserver 180 ml d'eau de cuisson des pâtes, puis les égoutter.

Entre-temps, essuyer la poêle et faire chauffer l'huile d'olive restante à feu moyen. Ajouter les grains de maïs restants, les cébettes, 1 pincée de sel et du poivre noir et faire revenir, en remuant de temps en temps, pendant environ 3 min, jusqu'à ce qu'ils soient tendres. Ajouter les épinards, les pâtes cuites, la sauce au maïs et l'eau de cuisson des pâtes réservée, progressivement, jusqu'à obtenir une sauce crémeuse. Assaisonner à votre convenance et servir immédiatement avec le basilic ciselé et les graines germées (si vous en utilisez).

POUR 4 PERSONNES

POUR UNE VERSION VEGAN
**Utiliser des pâtes sans œufs.**

POUR UNE VERSION SANS GLUTEN
**Utiliser des pâtes sans gluten.**

# SANDWICHS REUBEN AUX PORTOBELLOS

**Le Reuben est le sandwich préféré de Jack. C'est en pensant à lui que j'ai créé cette recette, mais elle est aussi devenue l'une de mes préférées de ce livre. Les portobellos remplacent la viande, mais ce n'est pas un sandwich aux champignons ordinaire. La sauce crémeuse au raifort est délicieusement piquante, et le chou mariné apporte du punch à côté des savoureux champignons au vinaigre balsamique. La préparation des différents ingrédients prend un peu de temps, mais vous pouvez le faire plusieurs jours à l'avance.**

**Chou rouge mariné***

75 g de chou rouge, râpé
½ oignon rouge moyen, émincé
1 gousse d'ail, écrasée
1 c. à café de sel de mer
180 ml de vinaigre de cidre
180 ml d'eau
½ c. à café de graines de carvi
1 c. à café de sucre de canne blond

** Si vous préparez le chou mariné à l'avance, il se conservera au réfrigérateur pendant au moins 2 semaines.*

**Sauce au raifort (il vous en restera)**

75 g de noix de cajou crues
90 ml d'eau
2 c. à soupe de jus de citron frais
2 c. à soupe de moutarde de Dijon
1 ½ c. à soupe de ketchup
1 c. à soupe de *relish* de cornichons aigres-doux à l'aneth ou cornichons aigres-doux râpés
1 ½ c. à café de raifort en bocal
1 petite gousse d'ail, épluchée
¼ de c. à café de sel de mer

**Sandwichs**

4 portobellos, pieds retirés
Huile d'olive vierge extra, pour arroser
Vinaigre balsamique, pour arroser
8 tranches de pain de seigle
4 tranches de gruyère
50 g de roquette
Sel de mer et poivre noir du moulin

*Suite en page suivante*

Préparer le chou rouge mariné : mettre le chou, l'oignon, l'ail et le sel dans un bocal à couvercle d'une capacité d'environ 500 ml. Dans une petite casserole placée sur feu moyen, faire chauffer le vinaigre de cidre, l'eau, les graines de carvi et le sucre jusqu'à ce que le sucre soit dissous, environ 1 min après que le mélange a commencé à frémir. Verser ce mélange sur le chou dans le bocal. Couvrir, secouer doucement, puis découvrir et laisser refroidir à température ambiante. Mettre au réfrigérateur pendant au moins 1 h.

Préparer la sauce au raifort : dans un blender, mettre les noix de cajou, l'eau, le jus de citron, la moutarde, le ketchup, la *relish*, le raifort, l'ail et le sel. Mixer jusqu'à obtenir un mélange homogène.

Préchauffer une poêle gril. Arroser les 2 côtés des champignons d'huile d'olive et de vinaigre balsamique, en utilisant vos mains pour bien les enrober. Assaisonner généreusement de sel de mer et de poivre noir. Faire griller les champignons, 5 à 7 min de chaque côté, jusqu'à ce qu'ils soient dorés et tendres. Les retirer du feu, les transférer sur une planche à découper et les trancher en lanières de 5 mm environ.

Préchauffer le four à 200 °C et recouvrir une grande plaque à four de papier sulfurisé. Placer les tranches de pain sur la plaque. Sur 4 d'entre elles, mettre de la sauce au raifort, des lanières de champignons grillés et du fromage. Enfourner toutes les tranches de pain pendant 4 à 6 min, ou jusqu'à ce que le fromage soit fondu et que les 4 tranches de pain vides soient légèrement grillées.

Retirer la plaque du four et couvrir les tranches de pain garnies de 1 c. à soupe de chou mariné égoutté et de roquette. Étaler de la sauce au raifort sur les 4 tranches de pain vides, fermer les sandwichs, les couper en 2 et servir.

POUR 4 PERSONNES

**POUR UNE VERSION VEGAN**
**Ne pas mettre de fromage et servir avec un supplément de sauce.**

**POUR UNE VERSION SANS GLUTEN**
**Utiliser du pain sans gluten.**

## ASTUCE

Les quantités de cette recette permettent d'avoir des restes de sauce au raifort, qui se conserve au réfrigérateur jusqu'à 1 semaine. J'aime tellement ce sandwich que je fais griller d'autres champignons quelques jours plus tard pour le déguster à nouveau !

# BURGERS AUX POIS CHICHES ET À LA HARISSA

**Il y a des années, lorsque je suis devenue végétarienne, j'achetais toujours des galettes veggies pour burgers préemballées qui avaient un goût de carton et que je noyais sous les garnitures pour en masquer le goût. Cette recette offre quelque chose de complètement différent et de copieux – contrairement aux galettes du commerce, celles-ci ont une texture consistante, et leur saveur épicée et fumée due à la harissa, au cumin et au paprika fumé les rend meilleures que toutes les galettes veggies que j'ai pu manger jusqu'à présent. Oubliez le ketchup et la moutarde – la sauce crémeuse à la coriandre se prépare en quelques secondes et rehausse parfaitement les burgers !**

### Galettes

1 c. à soupe de graines de lin moulues

3 c. à soupe d'eau

1 c. à soupe d'huile d'olive vierge extra, plus un peu pour la cuisson des galettes

1 oignon jaune moyen, coupé en dés

½ c. à café de sel de mer, ou plus à votre convenance

125 g de noix, concassées

2 c. à café de cumin moulu

2 c. à café de paprika fumé

½ c. à café de poivre noir du moulin

3 gousses d'ail, finement hachées

60 g de harissa maison (voir page 281) ou du commerce

250 g de pois chiches cuits égouttés et rincés (voir page 23)

170 g de riz rond complet, cuit (voir page 22)*

2 c. à soupe de jus de citron vert frais

45 g de chapelure panko

** Il est très important que votre riz complet vienne d'être cuit et soit collant pour que les galettes tiennent bien. Le riz à grains longs n'étant pas aussi collant, veillez à utiliser du riz rond.*

### Sauce crémeuse à la coriandre

110 g de mayonnaise

½ gousse d'ail, finement hachée

Quelques brins de coriandre fraîche, feuilles et tiges, ciselés

½ c. à café de zeste de citron vert bio

1 c. à café de jus de citron vert frais

Sel de mer et poivre noir du moulin

### Pour servir

6 buns complets, grillés

1 oignon rouge, émincé

Roquette

Pickles de concombres à l'aneth ou pickles de courgettes jaunes (voir page 297, facultatif)

*Suite en page suivante*

Dans un petit saladier, mélanger au fouet les graines de lin moulues et l'eau. Réserver.

Préparer la sauce crémeuse à la coriandre : dans un bol, mélanger la mayonnaise, l'ail, la coriandre, le zeste et le jus de citron vert et assaisonner de sel et de poivre. Mettre au réfrigérateur jusqu'au moment de servir.

Préparer les galettes : faire chauffer l'huile d'olive dans une poêle de taille moyenne à feu moyen. Y mettre l'oignon avec le sel et le faire revenir environ 5 min, jusqu'à ce qu'il soit tendre. Ajouter les noix, le cumin, le paprika, le poivre et l'ail. Mélanger et retirer la poêle du feu. Laisser le mélange refroidir légèrement, puis le verser dans un robot avec la harissa et la moitié des pois chiches. Mixer jusqu'à ce que le tout soit bien mélangé mais encore en morceaux. Ne pas réduire en purée.

Transférer le mélange dans un saladier et ajouter le reste des pois chiches, le riz complet et le jus de citron vert. Écraser à l'aide d'un presse-purée jusqu'à ce que tout soit bien mélangé. Incorporer la chapelure panko et le mélange de graines de lin. Façonner le mélange en 6 galettes.

Faire chauffer un barbecue, une plancha ou une poêle gril à feu vif ou préchauffer le four à 220 °C. Arroser les galettes d'huile d'olive. Vaporiser la poêle avec un spray de cuisson antiadhésif ou recouvrir une plaque à four de papier sulfurisé. Faire griller les galettes pendant 5 min de chaque côté, ou jusqu'à ce que des marques foncées apparaissent, en les retournant délicatement. Si vous utilisez le four, faites cuire les galettes sur la plaque à four pendant 9 min de chaque côté.

Assembler les burgers en nappant les buns de sauce crémeuse à la coriandre et en garnissant avec les galettes, de l'oignon rouge, de la roquette et des pickles, à votre convenance.

**POUR 6 PERSONNES**

**POUR UNE VERSION VEGAN**
**Utiliser de la mayonnaise vegan.**

**POUR UNE VERSION SANS GLUTEN**
**Utiliser de la chapelure panko et des buns sans gluten.**

# NOUILLES DE COURGETTES SAUCE *PUTTANESCA*

**Cette recette a réussi l'impossible : elle nous a fait aimer les olives, à Jack et à moi ! J'ai toujours eu du mal à cuisiner avec des olives, car leur saveur a tendance à dominer n'importe quel plat. Dans cette recette, les olives se marient harmonieusement avec les autres éléments salés, et les nouilles de courgettes sont parfaites pour les chaudes soirées d'été.**

3 courgettes moyennes

1 c. à soupe d'huile d'olive vierge extra

1 échalote, finement hachée

1 aubergine moyenne, coupée en cubes de 1 cm

300 g de tomates cerise, coupées en 2

60 ml de vin blanc sec

2 gousses d'ail, finement hachées

45 g de tomates séchées (environ 2 grosses) marinées dans l'huile, coupées en morceaux

½ c. à café de flocons de piment rouge séché

½ c. à soupe de câpres

2 c. à café de zeste de citron bio

50 g d'olives Kalamata, coupées en rondelles

Les feuilles de 1 petit bouquet de basilic frais, ciselées

2 c. à soupe de pignons de pin

Boulettes végétariennes faciles de quinoa à la sauge (voir page 277), pour servir

Sel de mer et poivre noir du moulin

À l'aide d'un spiraleur, faire des spirales de courgettes et les réserver.

Dans une grande poêle antiadhésive, faire chauffer l'huile d'olive à feu moyen. Ajouter l'échalote, l'aubergine, les tomates cerise, une généreuse pincée de sel et du poivre noir. Cuire jusqu'à ce que le tout soit tendre, pendant 5 à 8 min, en remuant la poêle de temps en temps. Réduire le feu si nécessaire.

Ajouter le vin blanc, l'ail, les tomates séchées, les flocons de piment et les câpres et faire cuire pendant 2 à 3 min jusqu'à ce que le liquide ait réduit de moitié. Incorporer le zeste de citron et les olives.

Ajouter les nouilles de courgettes dans la poêle. Mélanger jusqu'à ce que les courgettes soient à peine réchauffées, pendant environ 1 min (elles deviendront molles et rendront de l'eau si elles sont cuites plus longtemps). Assaisonner à votre convenance. Servir avec le basilic, les pignons de pin et les boulettes de quinoa à la sauge.

POUR 4 PERSONNES

VEGAN

POUR UNE VERSION SANS GLUTEN
**Utiliser de la chapelure panko sans gluten dans les boulettes végétariennes.**

## ASTUCE

Ne passez pas à côté des boulettes de quinoa à la sauge. Elles sont copieuses, savoureuses, et s'intègrent parfaitement dans ce plat.

# AUBERGINES FARCIES À LA MÉDITERRANÉENNE

**Cette recette peut être préparée de deux façons : les aubergines peuvent être grillées ou rôties au four. Je n'arrive pas à me décider sur la version que je préfère, alors à vous de choisir ! Comme la pleine saison des aubergines est l'été, je les fais griller au barbecue ou à la plancha au début de la saison, lorsque les nuits sont chaudes, et je les fais cuire au four vers la fin de la saison, lors des soirées plus fraîches d'automne.**

3 aubergines moyennes (340 à 420 g chacune)

2 c. à soupe d'huile d'olive vierge extra, plus un peu pour arroser les aubergines

400 g de boulgour, cuit (voir page 22)

2 gousses d'ail, finement hachées

1 c. à soupe de vinaigre de Xérès

45 g de tomates séchées (environ 2 grosses) marinées dans l'huile, coupées en morceaux

190 de lentilles vertes du Puy, cuites (voir page 23)*

80 g de pignons de pin, concassés

Les feuilles de ¼ de bouquet de persil frais, ciselées

¼ de c. à café de flocons de piment rouge séché

Sel de mer et poivre noir du moulin

**Pour la version au barbecue ou à la plancha**

50 g de roquette, ciselée

Les feuilles de 2 petits bouquets de basilic, ciselées

**Pour la version au four**

35 g de chapelure panko

25 g de pecorino râpé (facultatif)

* *Pour cette recette, utilisez des lentilles vertes du Puy. Elles conservent leur forme lorsqu'elles sont cuites* al dente. *Les lentilles vertes ou brunes ordinaires ont tendance à devenir pâteuses à la cuisson.*

Faire chauffer un barbecue ou une plancha à feu moyen. Pour la cuisson au four, préchauffer le four à 200 °C et recouvrir une plaque à four de papier sulfurisé.

Couper les aubergines en 2 dans le sens de la longueur et prélever la chair en laissant un bord de 1 cm sur le pourtour. Arroser les aubergines d'huile d'olive et les assaisonner de sel et de poivre noir. Les griller au barbecue ou à la plancha, face coupée vers le bas, pendant 15 min ou jusqu'à ce qu'elles soient tendres et ramollies (mais elles doivent garder leur forme). Vous pouvez également les faire cuire au four, face coupée vers le bas, sur la plaque à four pendant 20 à 30 min.

Dans un saladier, mélanger le boulgour cuit avec l'ail, 2 c. à soupe d'huile d'olive, le vinaigre de Xérès, les tomates séchées, les lentilles, les pignons de pin, le persil, ¼ de c. à café de sel et les flocons de piment.

## POUR LA CUISSON AU BARBECUE OU À LA PLANCHA

Ajouter la roquette et le basilic ciselés à la farce et remplir les aubergines. Saler à nouveau, si nécessaire.

## POUR LA CUISSON AU FOUR

Remplir les aubergines avec la farce et recouvrir de chapelure panko et de pecorino (si vous en utilisez). Les faire griller pendant 4 à 8 min ou jusqu'à ce que le dessus soit doré.

**POUR 6 PERSONNES**

**POUR UNE VERSION VEGAN**
**Ne pas mettre de fromage.**

**POUR UNE VERSION SANS GLUTEN**
**Remplacer le boulgour par du quinoa et utiliser de la chapelure panko sans gluten.**

# TARTE AU POIREAU ET AUX FANES DE RADIS

**Plus je tombe amoureuse des légumes, plus j'aime trouver des moyens astucieux d'utiliser les fanes, les feuilles et autres « déchets » que l'on jette généralement. Qui a décidé que nous devions les jeter ? Cette recette utilise le radis entier – les fanes sont cuites dans la garniture de la tarte, et les radis sont utilisés dans une salade citronnée très fraîche. Cette recette est idéale pour un repas de printemps.**

8 gros œufs
60 ml de boisson végétale d'amande
2 c. à soupe d'estragon, ciselé
½ c. à café de moutarde de Dijon
½ c. à café d'huile d'olive vierge extra
1 poireau, parties blanche et vert clair uniquement, coupé en 2, émincé et bien rincé
70 g de fanes de radis
1 gousse d'ail, finement hachée
1 pâte à tarte vegan maison (voir page 289), précuite
Sel de mer et poivre noir du moulin

**Salade de radis**

8 radis rouges, coupés en allumettes
150 g de petits pois, blanchis 1 min s'ils sont frais, décongelés s'ils sont surgelés
Les feuilles de 2 brins de menthe fraîche
3 c. à soupe de feta, émiettée
1 c. à soupe de jus de citron frais
1 c. à soupe de ciboulette fraîche, ciselée
Sel de mer et poivre noir du moulin

Dans un saladier, mélanger au fouet les œufs, la boisson végétale d'amande, l'estragon, la moutarde, ½ c. à café de sel et du poivre noir. Réserver.

Faire chauffer l'huile d'olive dans une poêle de taille moyenne à feu moyen. Ajouter le poireau avec 1 pincée de sel et le faire revenir pendant 1 min, jusqu'à ce qu'il soit tendre. Ajouter les fanes de radis et l'ail, et les faire revenir pendant environ 1 min jusqu'à ce que les fanes de radis soient ramollies. Transférer dans une assiette et réserver.

Lorsque la pâte à tarte a fini de précuire, ajouter le mélange de fanes de radis et de poireau à la préparation à base d'œufs, mélanger et verser le tout dans le fond de tarte. Cuire au four pendant 18 à 20 min ou jusqu'à ce que les œufs aient pris.

Préparer la salade de radis : dans un saladier, mélanger les radis, les petits pois, la menthe, la feta, le jus de citron, la ciboulette, du sel et du poivre noir à votre convenance.

Servir les parts de tarte avec de la salade de radis sur le dessus.

*Si vous utilisez un moule à tarte standard, augmentez le temps de cuisson à 25 à 28 min.*

POUR 6 À 8 PERSONNES

**ASTUCE** La pâte à tarte peut être préparée jusqu'à 1 jour à l'avance et conservée au réfrigérateur. Au moment de l'utiliser, laissez-la reposer à température ambiante pendant 30 à 45 min, jusqu'à ce qu'elle soit souple.

# PIZZA À LA POMME, AU POIREAU ET AU LABNEH AU ZESTE DE CITRON

**Si vous êtes plutôt du genre à aimer les pizzas quatre fromages, vous devriez peut-être passer à la recette suivante. Cette pizza est pleine de saveurs et de textures uniques, et nous en sommes fous. Une couche de fromage fait le lien entre les poireaux sautés, la pomme et le thym frais. La meilleure partie de cette recette est le labneh maison au zeste de citron, qui doit être préparé la veille. Si vous oubliez de le préparer à l'avance, remplacez-le par du fromage de chèvre frais.**

1 gros poireau ou 2 petits, parties blanche et vert clair, émincé(s)

Huile d'olive vierge extra

1 pomme Gala, coupée en petits dés

1 pâte à pizza maison (voir page 291), ou une pâte à pizza fraîche du commerce

150 g de cheddar blanc, râpé

2 c. à soupe de feuilles de thym

Labneh au zeste de citron (voir page 295 ; à préparer 1 jour à l'avance)

25 g de graines germées ou 1 poignée de roquette

Sel de mer et poivre noir du moulin

Rincer les poireaux émincés et les mettre à sécher sur un torchon.

Dans une grande poêle, faire chauffer 2 c. à café d'huile d'olive à feu moyen. Ajouter les poireaux avec du sel et les faire revenir pendant 2 min. Ajouter la pomme, réduire le feu à moyen-doux et remuer jusqu'à ce qu'elle soit ramollie, pendant environ 3 min de plus. Retirer du feu et réserver.

Préchauffer le four à 260 °C. Étaler la pâte à pizza pour qu'elle corresponde à une plaque à pizza ronde de 36 cm et précuire la pâte pendant 5 min. La retirer du four et la recouvrir de cheddar, de poireaux et de pomme sautés. Arroser légèrement d'huile d'olive et badigeonner les bords de la pâte avec un peu d'huile. Cuire au four pendant 12 min ou jusqu'à ce que la garniture et les bords de la pâte soient dorés.

Retirer la pizza du four et la garnir de thym, de labneh et de graines germées (ou de roquette), et verser 1 filet d'huile d'olive. Assaisonner à votre convenance et servir.

POUR 2 OU 3 PERSONNES

**ASTUCE**

Veillez à ce que la poêle ne soit pas trop chaude lorsque vous ajoutez la sauce au yaourt afin que le yaourt ne se sépare pas.

# *SAAG PANEER* AU YAOURT À LA GRECQUE

**Chaque fois que nous allons au restaurant indien, Jack commande du *saag paneer*. Il adore les épinards à la crème, j'adore inventer des versions complètement inauthentiques des plats traditionnels, et nous adorons tous les deux cette version rafraîchissante. J'utilise des épinards frais et je les fais cuire jusqu'à ce qu'ils soient à peine ramollis avant de les mélanger à une sauce au yaourt à la grecque citronnée et parfumée à la cardamome. Je trouve généralement du *paneer* au supermarché, mais du halloumi peut aussi faire l'affaire, tout comme du tofu extra-ferme.**

150 g de yaourt à la grecque au lait entier
1 c. à café de jus de citron frais, plus un peu de jus et 4 quartiers de citron pour servir
½ c. à café de cardamome moulue
2 c. à soupe d'huile de coco
230 g de *paneer*, coupé en cubes
1 oignon jaune moyen, émincé
120 ml d'eau, si nécessaire
1 c. à soupe de graines de cumin entières
2 gousses d'ail, finement hachées
1 c. à café de gingembre frais, finement haché
1 c. à café de curry doux en poudre
450 g d'épinards frais
500 g de riz complet, cuit (voir page 22)
Les feuilles de ¼ de bouquet de coriandre fraîche, ciselées
Piment *serrano* en rondelles (facultatif)
Flocons de piment rouge séché (facultatif)
50 g de graines germées (facultatif)
Sel de mer et poivre noir du moulin

Dans un petit saladier, mélanger le yaourt, le jus de citron, la cardamome, ¼ de c. à café de sel et du poivre noir. Réserver.

Chauffer une poêle en fonte à feu moyen, puis ajouter 1 c. à soupe d'huile de coco et le *paneer*. Le saisir pendant 1 min de chaque côté ou jusqu'à ce qu'il soit doré, en réduisant le feu si nécessaire. Le transférer dans une assiette et le saupoudrer de sel.

Dans une grande poêle profonde, faire chauffer le reste de l'huile de coco à feu moyen-doux. Ajouter l'oignon avec ¼ de c. à café de sel et le faire cuire pendant 12 min, ou jusqu'à ce qu'il soit bien doré. Placer l'eau à proximité. Si la poêle devient sèche au cours des prochaines étapes, ajouter de l'eau au fur et à mesure. Ajouter les graines de cumin et faire cuire pendant 1 min. Réduire le feu et incorporer l'ail, le gingembre et le curry en poudre. Ajouter les épinards, remuer et faire cuire jusqu'à ce qu'ils soient ramollis, environ 2 min, en procédant par lots si nécessaire. Retirer la poêle du feu, laisser refroidir légèrement et incorporer le mélange à base de yaourt jusqu'à ce qu'il soit juste réchauffé (il ne faut pas trop le cuire).

Répartir le riz dans quatre assiettes creuses. Garnir chaque assiette du mélange à base d'épinards, de *paneer* et de 1 filet de jus de citron. Servir avec de la coriandre, du piment *serrano*, des flocons de piment et des graines germées (si vous le souhaitez), ainsi que des quartiers de citron.

POUR 4 PERSONNES | SANS GLUTEN

# CHOU-FLEUR ENTIER RÔTI AU CURCUMA

**Ma famille a adoré cette recette dès que je l'ai créée. Ayant grandi dans un foyer traditionnel où l'on mangeait de la viande et des pommes de terre, je n'aurais jamais pu imaginer le jour où ma mère, mon père, Jack et moi-même nous nous retrouverions autour de la table pour déguster un gigantesque « rôti de chou-fleur du dimanche ».**

1 chou-fleur moyen (900 g)

3 c. à soupe d'huile d'olive vierge extra, plus un peu pour arroser

2 c. à soupe de jus de citron frais, plus 1 filet pour les jeunes pousses

140 g d'un mélange de jeunes pousses ou de mesclun

¼ de bouquet d'herbes aromatiques fraîches, ciselées au choix (coriandre, menthe, persil), ou un mélange

40 g de pignons de pin ou 25 g d'amandes effilées, torréfiés

Sel de mer et poivre noir du moulin

**Sauce épicée au curcuma**

150 g de yaourt à la grecque au lait entier

2 c. à soupe d'huile d'olive vierge extra

2 c. à soupe de jus de citron frais

1 gousse d'ail, finement hachée

¼ de c. à café de cumin moulu

¼ de c. à café de coriandre moulue

¼ de c. à café de curcuma moulu

¼ de c. à café de sirop d'érable ou de miel

½ c. à café de sel de mer

1 pincée de piment de Cayenne moulu

Préchauffer le four à 200 °C et recouvrir une plaque à four de papier d'aluminium.

Couper la base du trognon du chou-fleur pour pouvoir le poser de manière stable sur la plaque. Verser 1 ½ c. à soupe d'huile d'olive sur le chou-fleur et utiliser vos mains pour l'enrober uniformément. Le saupoudrer de sel et de poivre noir et le faire rôtir pendant 45 min.

Préparer la sauce : dans un petit saladier, mélanger le yaourt, l'huile d'olive, le jus de citron, l'ail, le cumin, la coriandre, le curcuma, le sirop d'érable (ou le miel), le sel et le piment de Cayenne.

Retirer le chou-fleur du four et, à l'aide d'une fourchette, écarter délicatement les fleurettes. Verser 1 ½ c. à soupe d'huile d'olive et le jus de citron sur le chou-fleur, en particulier dans les interstices, et le faire rôtir pendant 15 min supplémentaires.

Retirer le chou-fleur du four et étaler ¼ de la sauce au yaourt sur toute la surface. Rôtir encore 15 min.

Dans un saladier, mélanger les jeunes pousses avec 1 filet d'huile d'olive, 1 filet de jus de citron et 1 pincée de sel.

Retirer le chou-fleur du four. Il doit être tendre à l'extérieur comme à l'intérieur (vérifier à l'aide d'une fourchette). Recouvrir le chou-fleur avec de la sauce et le parsemer d'herbes aromatiques et de pignons de pin torréfiés. Le couper en tranches et le servir avec la salade et le reste de la sauce.

POUR 4 PERSONNES | SANS GLUTEN

# SAUCE BOLOGNAISE AU RUTABAGA ET AUX NOIX

**J'ai déjà préparé des sauces végétariennes de type *ragù* en utilisant des champignons et des lentilles. J'aime particulièrement celle-ci parce qu'elle est à base du légume le plus laid et le moins utilisé : le rutabaga. Ne laissez pas l'odeur âcre du rutabaga vous effrayer, car l'amertume disparaîtra une fois qu'il sera mélangé avec des oignons, des carottes, des tomates séchées savoureuses, du vin rouge et une bonne quantité de sauge et de romarin. Les noix ajoutent de la texture à ce plat copieux.**

1 c. à soupe d'huile d'olive vierge extra, plus un peu pour servir

½ oignon jaune moyen, coupé en petits dés

2 petites carottes, coupées en petits dés

1 branche de céleri, coupée en petits dés

1 rutabaga moyen, pelé et coupé en petits dés

30 g de tomates séchées marinées dans l'huile

3 c. à soupe de sauge, ciselée

1 c. à café de romarin, ciselé

3 gousses d'ail, finement hachées

65 g de noix, concassées

60 ml de vin rouge sec

1 c. à soupe de vinaigre balsamique

½ c. à café de flocons de piment rouge séché, ou plus à votre convenance

1 pincée de safran dans 1 c. à café d'eau chaude

230 g de rigatonis

Quelques brins d'herbes aromatiques fraîches (persil, basilic ou origan), ciselés si les feuilles sont grandes

Parmesan râpé, pour servir (facultatif)

Sel de mer et poivre noir du moulin

Faire chauffer l'huile d'olive dans une grande poêle à feu moyen. Ajouter l'oignon, les carottes, le céleri, le rutabaga, du sel et du poivre noir et faire cuire pendant environ 15 min, en remuant de temps en temps, jusqu'à ce que tout soit tendre et doré.

Réduire le feu à faible intensité et incorporer les tomates séchées, la sauge, le romarin, l'ail et les noix. Incorporer le vin et le vinaigre balsamique et laisser frémir et bouillonner pendant environ 30 s, jusqu'à ce que le mélange ait réduit de moitié. Éteindre le feu et incorporer les flocons de piment et le safran.

Pendant ce temps, porter à ébullition une grande casserole d'eau salée. Préparer les pâtes selon les instructions de l'emballage, en les faisant cuire jusqu'à ce qu'elles soient *al dente*. Réserver 120 ml de l'eau de cuisson des pâtes, puis les égoutter. Ajouter les pâtes dans la poêle avec les légumes, ainsi que 60 à 120 ml de l'eau de cuisson réservée, suffisamment pour créer une sauce fluide. Mélanger jusqu'à ce que les pâtes soient bien enrobées. Assaisonner à votre convenance.

Servir avec 1 filet d'huile d'olive, des herbes aromatiques et du parmesan (si vous en utilisez).

POUR 4 PERSONNES

POUR UNE VERSION VEGAN
**Ne pas mettre de fromage.**

POUR UNE VERSION SANS GLUTEN
**Utiliser des pâtes sans gluten.**

# COURGES FARCIES AU QUINOA ET À LA POMME, SAUCE À LA SAUGE

**Cette recette est tout ce dont j'ai envie le premier jour de l'automne. Dès que les températures commencent à baisser, j'adore préparer le repas en sentant l'odeur réconfortante d'une courge qui rôtit dans le four. Dans cette recette, la courge se transforme en véritable corne d'abondance, remplie d'ingrédients d'automne mélangés à une sauce sucrée-salée à la sauge et au vinaigre de cidre.**

2 courges kabocha
Huile d'olive vierge extra
400 g de quinoa, cuit (voir page 22)
5 feuilles de chou kale, sans les tiges, très finement hachées
3 cébettes (ou cives), émincées
1 pomme Gala, coupée en petits dés
50 g de noisettes, torréfiées et concassées
50 g de graines de grenade
50 g de feta, émiettée (facultatif)
Sel de mer et poivre noir du moulin

**Sauce**

60 ml d'huile d'olive vierge extra
2 c. à soupe de vinaigre de cidre
2 c. à café de sirop d'érable
½ c. à café de cannelle moulue
16 feuilles de sauge, ciselées
½ c. à café de sel de mer
Poivre noir du moulin

Préchauffer le four à 220 °C et recouvrir une plaque à four de papier sulfurisé.

Couper les courges en 2 et retirer les graines. Couper les moitiés en quartiers, les arroser d'huile d'olive et les assaisonner de sel et de poivre noir. Placer les morceaux de courge sur la plaque côté coupé vers le bas et les faire rôtir pendant 40 à 55 min ou jusqu'à ce qu'ils soient tendres et dorés.

Préparer la sauce : dans une petite casserole à feu doux, chauffer doucement l'huile d'olive, le vinaigre de cidre et le sirop d'érable jusqu'à ce qu'ils soient chauds. Ajouter la cannelle, la sauge, le sel et du poivre noir et remuer pendant environ 30 s, jusqu'à ce que le mélange soit parfumé.

Dans un saladier, mélanger le quinoa, le chou kale, les cébettes et la pomme, puis verser la moitié de la sauce. Ajouter les noisettes, les graines de grenade, ½ c. à café de sel et du poivre noir et mélanger à nouveau.

Dresser les courges dans un plat de service : répartir la farce dans les courges, garnir de feta (si vous en utilisez), arroser du reste de la sauce et servir.

**POUR 6 À 8 PERSONNES**

**POUR UNE VERSION VEGAN**
Ne pas mettre de fromage.

**SANS GLUTEN**

# CURRY ENSOLEILLÉ

**La couleur jaune et la saveur parfumée de ce curry me mettent de bonne humeur lorsque le temps est maussade et froid. Le secret de cette couleur et de cette saveur ? La patate douce est mixée dans la sauce ; les légumes du curry sont enrobés de cette sauce dorée naturellement sucrée et onctueuse qui illuminera n'importe quelle journée.**

### Sauce curry jaune à la patate douce

1 petite patate douce

1 c. à café de graines de cumin entières

1 c. à café de graines de coriandre entières

10 capsules de cardamome, graines retirées

360 ml de lait de coco en boîte

2 gousses d'ail

1 c. à soupe de gingembre frais râpé

½ c. à café de curcuma moulu

¼ de c. à café de piment de Cayenne moulu

Le zeste de 1 citron vert bio

½ c. à café de vinaigre de vin blanc

½ c. à café de sel de mer

### Légumes

1 c. à soupe d'huile de coco

½ oignon jaune moyen, haché

1 poivron rouge, pédoncule et graines retirés, coupé en julienne

1 petite patate douce, coupée en cubes de 2,5 cm

½ chou-fleur moyen

½ piment *jalapeño* ou 1 piment *serrano*, émincé

165 g de pois chiches cuits égouttés et rincés (voir page 23)

150 g de pousses d'épinards

Le jus de 1 citron vert

Sel de mer et poivre noir du moulin

### Pour servir

420 g de riz basmati, cuit (voir page 22)

Les feuilles de ¼ de bouquet de coriandre fraîche, ciselées

40 g de noix de cajou, torréfiées et concassées

1 citron vert, coupé en quartiers

*Suite en page suivante*

Préparer la sauce curry jaune à la patate douce : préchauffer le four à 220 °C. Piquer la patate douce à l'aide d'une fourchette et la faire rôtir pendant 1 h, ou jusqu'à ce qu'elle soit tendre. Prélever ½ tasse de chair tendre cuite.

Faire torréfier le cumin, la coriandre et la cardamome dans une petite poêle sèche à feu moyen, pendant 2 à 3 min, jusqu'à ce qu'ils commencent à éclater.

Dans un blender, mettre la chair de patate douce prélevée, les épices torréfiées, le lait de coco, l'ail, le gingembre, le curcuma, le piment de Cayenne, le zeste de citron vert, le vinaigre et le sel. Mixer jusqu'à obtenir un mélange homogène.

Préparer les légumes : faire chauffer l'huile dans une grande cocotte en fonte à feu moyen-doux.

Ajouter l'oignon avec ½ c. à café de sel et du poivre noir, et faire revenir l'oignon pendant environ 8 min, jusqu'à ce qu'il soit tendre. Ajouter le poivron rouge, la patate douce, le chou-fleur, le piment *jalapeño* (ou *serrano*) et les trois quarts de la sauce. Mélanger. Baisser le feu et laisser mijoter à feu doux, avec un couvercle, en remuant de temps en temps, pendant 18 à 22 min, ou jusqu'à ce que la patate douce soit tendre.

Ajouter les pois chiches et les épinards. Couvrir et laisser cuire pendant 5 min supplémentaires, jusqu'à ce que les épinards soient ramollis. Incorporer le jus de citron vert et assaisonner de sel et de poivre noir.

Servir le curry avec le riz basmati, le reste de la sauce, de la coriandre, des noix de cajou torréfiées et des quartiers de citron vert.

POUR 4 PERSONNES | VEGAN & SANS GLUTEN

**ASTUCE** Ce curry est délicieux lorsqu'il est réchauffé – en fait, il est probablement meilleur le lendemain. Il se congèle également très bien.

# LASAGNES ROULÉES AU CHOU KALE ET À LA PATATE DOUCE

**Tout le monde aime manger des lasagnes lors des soirées froides, et cette version roulée rend ce plat classique encore plus amusant ! J'aime mes lasagnes garnies de légumes, bien sûr. Ici, la patate douce et le chou kale s'allient à de la « ricotta » végétale crémeuse et à de la sauge fraîche pour offrir de délicieuses bouchées pleines de textures contrastées et de saveurs douces. En prime, ce plat est facile à servir – pas besoin de trancher !**

1 grosse patate douce, coupée en petits cubes

Huile d'olive vierge extra

6 feuilles de chou kale, déchirées, sans les grosses tiges

12 feuilles de lasagnes (éventuellement à bords ondulés), plus 2 supplémentaires si besoin

1 portion de sauce marinara maison (voir page 298)

2 portions de « ricotta » végétale (voir page 285)

Les feuilles de quelques brins de sauge fraîche, ciselées

Pincées de flocons de piment rouge séché

Sel de mer et poivre noir du moulin

Préchauffer le four à 220 °C et recouvrir une grande plaque à four de papier sulfurisé. Placer les cubes de patate douce sur la plaque et les mélanger avec 1 filet d'huile d'olive, du sel et du poivre. Les faire rôtir 25 à 30 min, ou jusqu'à ce qu'ils soient dorés.

Faire cuire le chou kale à la vapeur pendant 1 min, ou jusqu'à ce qu'il soit juste ramolli. Le déposer sur du papier absorbant et le presser pour évacuer l'excédent d'eau. Porter à ébullition un grand faitout d'eau très salée. Préparer les pâtes selon les instructions figurant sur l'emballage, en les faisant cuire jusqu'à ce qu'elles soient *al dente*. Les égoutter. Badigeonner le fond d'un plat à four de 23 x 33 cm avec un peu d'huile d'olive et étaler la moitié de la sauce marinara.

Disposer les 6 premières feuilles de lasagnes côte à côte sur une grande plaque à four. Mélanger délicatement le reste des feuilles avec un peu d'huile d'olive pour qu'elles ne collent pas. Répartir 3 à 4 c. à soupe de « ricotta » sur chaque feuille, répartir uniformément le chou kale et la patate douce et parsemer de sauge et de flocons de piment. Rouler chaque feuille. Placer chaque rouleau dans le plat à four, « jointure » vers le bas. Répéter l'opération avec les 6 autres feuilles. Répartir le reste de la sauce marinara sur les rouleaux. Couvrir et cuire au four pendant 20 min.

POUR 4 PERSONNES | VEGAN

# BOWLS DE HARICOTS NOIRS ET BLETTES, SAUCE *MOJO*

**La sauce au poivron rouge utilisée ici est une sauce qu'il faut toujours avoir à portée de main. Elle est parfumée, elle a du punch et elle donne un goût merveilleux à n'importe quel légume. Je peux imaginer de nombreux bowls qui seraient délicieux avec cette sauce, mais j'adore ce bowl de haricots noirs, de légumes verts, de riz et de pommes de terre croustillantes. Les graines de courge épicées torréfiées ne sont pas seulement un topping savoureux, mais sont aussi un encas très addictif. Essayez de ne pas toutes les manger à la sortie du four !**

450 g de petites pommes de terre, coupées en 4
Huile d'olive vierge extra
2 cébettes (ou cives), émincées
1 gousse d'ail, finement hachée
½ à 1 piment *jalapeño*, pédoncule et graines retirés, haché
1 botte de blettes, feuilles hachées, tiges finement hachées
Les tiges de 1 bouquet de coriandre fraîche, ciselées
2 c. à soupe de jus de citron vert frais
260 g de haricots noirs cuits égouttés et rincés (voir page 23)
340 g de riz complet, cuit (voir page 22)
1 portion de sauce *mojo* au poivron rouge (voir page 131)
75 g de feta, émiettée (facultatif)
Sel de mer et poivre noir du moulin

**Graines de courge épicées**

70 g de graines de courge
½ c. à café de tamari
1 pincée d'épices pour chili
1 pincée de piment de Cayenne moulu

Préchauffer le four à 220 °C et recouvrir 2 plaques à four de papier sulfurisé.

Placer les pommes de terre sur une plaque et les mélanger avec un généreux filet d'huile d'olive, du sel et du poivre noir. Les faire rôtir pendant 35 min, ou jusqu'à ce qu'elles soient dorées et croustillantes sur les bords. Lorsque les pommes de terre ont fini de rôtir, réduire la température à 180 °C. Réserver.

Préparer les graines de courge épicées : sur la deuxième plaque, mélanger les graines de courge avec le tamari, les épices pour chili et le piment de Cayenne. Mélanger pour enrober les graines, puis les étaler sur la plaque. Les griller au four pendant 5 min, ou jusqu'à ce qu'elles soient dorées et croustillantes. Réserver.

Faire chauffer 1 c. à soupe d'huile d'olive dans une grande poêle à feu moyen. Ajouter les cébettes, l'ail, le piment *jalapeño*, les tiges de blettes et les tiges de coriandre et faire revenir jusqu'à ce que le tout soit ramolli, pendant 3 à 4 min. Incorporer les feuilles de blettes et cuire jusqu'à ce qu'elles soient juste ramollies, pendant 1 à 2 min. Retirer du feu et incorporer le jus de citron vert, les haricots noirs, ½ c. à café de sel et du poivre noir.

Dresser les bowls avec le riz, le mélange à base de blettes, les pommes de terre rôties et de généreux filets de sauce *mojo* au poivron rouge. Parsemer de feta (si vous en utilisez) et de graines de courge épicées.

POUR 4 PERSONNES

POUR UNE VERSION VEGAN
**Ne pas mettre de fromage.**

SANS GLUTEN

**ASTUCE** Faites griller plus de graines de courge épicées pour en faire un encas.

# RISOTTO AU CITRON, « SAINT-JACQUES » DE PLEUROTES DU PANICAUT

**Jack n'a que quelques plats emblématiques, mais dès qu'il s'approprie une recette ou une méthode, il la travaille jusqu'à la perfection et c'est « à lui » de la préparer pour toujours. Pendant longtemps, avant que nous ne devenions végétariens, notre repas phare pour nos soirées en amoureux était un risotto et des saint-jacques. Je préparais le risotto et il saisissait parfaitement les saint-jacques. J'ai pensé qu'il serait amusant de préparer des « saint-jacques » avec des pleurotes du panicaut et de les servir sur du risotto, comme nous le faisions auparavant. Cette recette est idéale à réaliser en duo : l'un peut remuer le risotto tandis que l'autre s'occupe des champignons.**

**« Saint-jacques » de pleurotes du panicaut**

1 c. à soupe d'huile d'olive vierge extra

5 pleurotes du panicaut, coupés en rondelles de 1 cm

¼ de c. à café de sel de mer

1 c. à café de vinaigre balsamique

Poivre noir du moulin

**Risotto**

1 c. à soupe d'huile d'olive vierge extra

2 poireaux, parties blanches et vert clair, bien rincés et hachés

2 gousses d'ail, finement hachées

100 g de riz arborio, rincé

120 ml de vin blanc sec

960 ml de bouillon de légumes (voir page 104), à température ambiante

75 g de petits pois frais ou surgelés

25 g de parmesan ou de pecorino fraîchement râpé, plus un peu pour servir (facultatif)

2 c. à café de zeste de citron bio, la moitié réservée pour parsemer

1 c. à soupe de jus de citron frais

Quelques brins d'herbes aromatiques mélangées (persil, basilic et/ou estragon), ciselés, une partie réservée pour parsemer

2 c. à soupe de ciboulette fraîche ciselée, la moitié réservée pour parsemer

Sel de mer et poivre noir du moulin

*Suite en page suivante*

Préparer les « saint-jacques » de pleurotes du panicaut : faire chauffer l'huile d'olive dans une grande poêle en fonte. Ajouter les champignons, le sel et du poivre noir et mélanger pour enrober les champignons. Faire cuire pendant 15 min, en remuant de temps en temps, pour saisir les champignons. Retirer la poêle du feu, ajouter le vinaigre balsamique et réserver.

Préparer le risotto : faire chauffer l'huile d'olive dans une grande poêle à feu moyen. Ajouter les poireaux et assaisonner avec ¼ de c. à café de sel et du poivre. Les faire cuire pendant 4 à 5 min ou jusqu'à ce qu'ils soient tendres. Ajouter l'ail et mélanger. Incorporer le riz et laisser cuire pendant 1 min. Ajouter le vin et laisser cuire 1 à 2 min supplémentaires, ou jusqu'à ce que le vin ait réduit.

Ajouter le bouillon, progressivement, en remuant continuellement entre chaque ajout. Laisser le riz absorber le bouillon avant d'en ajouter. Cuire jusqu'à ce que le riz soit *al dente*. Le risotto doit être onctueux et crémeux. Incorporer les petits pois et cuire jusqu'à ce qu'ils soient bien chauds. Incorporer le fromage (si vous en utilisez), 1 c. à café de zeste de citron, le jus de citron, les herbes aromatiques et la ciboulette.

Assaisonner et servir avec les champignons sur le dessus. Parsemer avec les restes de zeste de citron, d'herbes aromatiques et de ciboulette. Servir avec du parmesan ou du pecorino râpé supplémentaire (si vous en utilisez).

**POUR 4 PERSONNES**

**POUR UNE VERSION VEGAN**
Ne pas mettre de fromage.

**SANS GLUTEN**

**ASTUCE**

Si la polenta est trop épaisse, ajouter de l'eau et/ou quelques gouttes d'huile d'olive pour obtenir la consistance souhaitée.

# BOWLS DE POLENTA CRÉMEUSE ET DE CHAMPIGNONS EN SAUCE

**Dans cette recette, vous pouvez remplacer la polenta par de la semoule de maïs ; si elle a des gros grains, passez-la au mixeur pour obtenir une semoule fine.**

### Polenta crémeuse

150 g de polenta fine
720 ml d'eau
2 c. à soupe d'huile d'olive vierge extra
25 g de pecorino râpé
½ c. à café de sel de mer, ou plus à votre convenance
Poivre noir du moulin

### Champignons

2 c. à soupe d'huile d'olive vierge extra
680 g d'un mélange de champignons, pieds retirés, coupés en 4
2 échalotes, émincées
1 c. à café de sel de mer
Poivre noir du moulin
240 ml de vin blanc
2 gousses d'ail, finement hachées
2 c. à soupe de concentré de tomates
480 ml de bouillon de légumes (voir page 104)
1 bouquet de thym (16 brins)

### Pour servir

Huile d'olive vierge extra, pour la cuisson
4 gros œufs
1 c. à soupe d'estragon frais, ciselé
1 c. à soupe de persil frais, ciselé
Graines germées (facultatif)
Sel de mer et poivre noir du moulin

Préparer la polenta : la mettre dans un grand bocal, verser 240 ml d'eau dessus et mettre au réfrigérateur pendant 15 min.

Préparer les champignons : faire chauffer l'huile d'olive dans une grande poêle profonde à feu moyen. Ajouter les champignons, les échalotes, le sel et du poivre noir, et remuer pendant 6 à 8 min, jusqu'à ce que le mélange soit doré et ramolli. Incorporer le vin blanc, l'ail et le concentré de tomates. Laisser le vin réduire de moitié pendant 30 s à 1 min. Ajouter le bouillon et les brins de thym, puis réduire le feu et laisser mijoter, en remuant de temps en temps, pendant 6 à 8 min, jusqu'à épaississement. Éteindre le feu et réserver.

Cuire la polenta : la verser avec son eau de trempage dans une casserole moyenne, ajouter les 480 ml d'eau restants et porter à ébullition. Baisser le feu et cuire, en fouettant de temps en temps, pendant 5 à 7 min, jusqu'à ce que le mélange épaississe. Incorporer l'huile d'olive, le fromage, le sel et du poivre noir.

Badigeonner une grande poêle antiadhésive d'huile d'olive et la faire chauffer à feu doux. Y cuire les œufs pour obtenir des œufs au plat.

Dresser les bowls avec de la polenta, des champignons et les œufs. Garnir avec de l'estragon, du persil et des graines germées (si vous en utilisez). Assaisonner et servir.

**POUR 4 PERSONNES**

**POUR UNE VERSION VEGAN**
Ne pas mettre de fromage ni d'œufs, et saler un peu plus la polenta.

**SANS GLUTEN**

# TAJINE DE LÉGUMES-RACINES AVEC COUSCOUS AU CITRON

**Lorsque nous avons visité Marrakech, il faisait 45 °C en juillet. Cela n'a pas empêché les habitants de nous servir des tajines chauds. Manger des plats chauds et réconfortants lorsqu'il fait chaud dehors peut sembler bizarre, et ça l'était. Mais c'était aussi délicieux. Ma version est loin d'être traditionnelle, mais ce ragoût de légumes-racines épicé est ce dont j'ai envie lorsque l'hiver arrive et que je suis prête à me blottir dans mon canapé. Préparé avec des abricots secs, il a un léger goût sucré qui est équilibré par le couscous au citron. Servez ce plat avec de la harissa (voir page 281) pour une saveur supplémentaire.**

1 c. à café de cumin moulu

1 c. à café de coriandre moulue

½ c. à café de cannelle moulue

½ c. à café de flocons de piment rouge séché

1 c. à soupe d'huile d'olive vierge extra

1 petit oignon jaune, coupé en morceaux de 2,5 cm

2 gousses d'ail, finement hachées

1 c. à café de gingembre frais, râpé

360 ml de bouillon de légumes (voir page 104)

8 abricots secs, coupés en dés

2 patates douces moyennes, coupées en gros morceaux de 2,5 cm

2 gros panais ou carottes, coupé(e)s en gros morceaux de 2,5 cm

250 g de pois chiches cuits égouttés et rincés (voir page 23)

2 c. à soupe de jus de citron frais, plus des quartiers de citron pour servir

Les feuilles de ¼ de bouquet de persil frais, ciselées

25 g d'amandes effilées, torréfiées

Harissa maison (voir page 281), pour servir (facultatif)

Sel de mer et poivre noir du moulin

**Couscous au citron**

180 g d'*israeli couscous* ou de couscous perlé

½ c. à café d'huile d'olive vierge extra

1 c. à soupe de jus de citron frais

½ c. à café de zeste de citron bio (ou ½ c. à soupe de dés de citrons confits express, page 279)

Les feuilles de ¼ de bouquet de persil frais et/ou de coriandre fraîche, ciselées

Sel de mer et poivre noir du moulin

*Suite en page suivante*

Dans un petit bol, mélanger le cumin, la coriandre, la cannelle et les flocons de piment et réserver.

Faire chauffer l'huile d'olive dans un faitout ou une cocotte en fonte de taille moyenne à feu moyen. Ajouter l'oignon avec ½ c. à café de sel et le faire revenir jusqu'à ce qu'il soit tendre, pendant environ 5 min.

Réduire le feu à faible intensité et incorporer l'ail, le gingembre et les épices sèches. Ajouter le bouillon, les abricots, les patates douces, les panais et les pois chiches. Porter à ébullition, puis réduire le feu et faire mijoter avec un couvercle pendant 20 min.

Ôter le couvercle et faire cuire, en remuant, pendant 8 à 10 min supplémentaires, ou jusqu'à ce que le ragoût ait épaissi et que les légumes soient tendres (vérifier à l'aide d'une fourchette). Incorporer le jus de citron et assaisonner de sel et de poivre noir à votre convenance.

Préparer le couscous au citron : porter à ébullition une casserole moyenne d'eau salée. Ajouter le couscous et le cuire jusqu'à ce qu'il soit *al dente*, pendant 7 à 8 min. L'égoutter, le laisser refroidir légèrement, le transférer dans un plat de service et le mélanger avec l'huile d'olive, le jus de citron, le zeste de citron, le persil, du sel et du poivre noir. Séparer les grains à l'aide d'une fourchette.

Servir le tajine sur le couscous au citron et parsemer avec le persil et les amandes. Servir avec des quartiers de citron et de la harissa (si vous en utilisez).

| POUR 4 PERSONNES | | VEGAN | POUR UNE VERSION SANS GLUTEN<br>**Remplacer le couscous par du quinoa.** |
|---|---|---|---|

# PITAS AU CHOU-FLEUR RÔTI AVEC HALLOUMI ET HARISSA

**Cette recette est l'un de nos repas de semaine préférés, surtout si j'ai de la harissa maison (voir page 281) dans le réfrigérateur. La harissa se conserve pendant au moins une semaine – ayez-en sous la main pour préparer ce plat rapide et savoureux. Il suffit de faire rôtir le chou-fleur et le halloumi jusqu'à ce qu'ils soient bien grillés, et de mettre le tout dans une pita chaude avec de la roquette épicée.**

1 petit chou-fleur, coupé en tranches de 2,5 cm d'épaisseur

Huile d'olive vierge extra, pour arroser

230 g de halloumi, tranché dans le sens de la largeur en morceaux de 1 cm d'épaisseur

2 grandes pitas (ou 4 petites)

120 ml de harissa maison (voir page 281)

70 g de roquette

Sel de mer et poivre noir du moulin

Préchauffer le four en mode gril et recouvrir une grande et une petite plaque à four de papier d'aluminium. Vaporiser un peu d'huile de cuisson en spray dessus.

Enduire les tranches de chou-fleur d'huile d'olive, de sel et de poivre des 2 côtés et les disposer sur la grande plaque. Les faire rôtir jusqu'à ce qu'elles soient bien grillées et tendres, en les retournant une fois. J'ai fait rôtir le chou-fleur pendant 13 min d'un côté et 5 min de l'autre, mais le temps peut varier considérablement en fonction du four.

Placer les tranches de halloumi sur la plus petite plaque et les faire griller pendant 4 min de chaque côté, ou jusqu'à ce qu'elles soient brun foncé sur les bords.

Éteindre le gril et réchauffer les pitas dans le four pendant 1 min.

Couper les pitas en 2 et les garnir de harissa, de roquette, de halloumi grillé et de chou-fleur rôti. Servir avec un supplément de harissa sur le côté.

POUR 4 PERSONNES

# *HOT POT* JAPONAIS D'UDON POUR DEUX PERSONNES

**Je n'ai ni Instant Pot®, ni Crockpot®, ni aucun autre appareil à la mode, mais j'adore cuisiner cette recette dans une humble marmite japonaise en terre cuite, sans technologie, posée sur les plaques de cuisson. C'est une recette amusante pour une soirée en amoureux, surtout si le vôtre aime les champignons et les udon autant que le mien. Le bouillon est sain grâce aux champignons, à l'algue kombu et au gingembre. Il ne s'agit pas d'une recette piquante, avec des saveurs très épicées et prononcées. Elle me rappelle plutôt certains des plats simples et délicieux que nous avons mangés au Japon, où l'accent est mis sur le goût pur de chaque ingrédient. Cette recette peut également être réalisée dans une casserole de taille standard.**

960 ml d'eau

1 morceau d'algue kombu* (10 cm)

2 ½ c. à soupe de tamari, plus un peu pour servir

2 ½ c. à soupe de vinaigre de riz

½ c. à café de gingembre frais, râpé

½ gousse d'ail, finement hachée

170 g d'un mélange de champignons, par exemple des champignons enoki et shiitakés, pieds retirés des plus grands, coupés en tranches

¼ de patate douce, coupée en demi-lunes de 1 cm

110 g de nouilles udon fraîches* ou sèches

60 g de petit pak-choï (ou bok choy)

1 cébette (ou cive), émincée

60 g de tofu extra-ferme, tranché, ou 2 œufs mollets (voir page 60)

½ feuille d'algue nori, coupée en fines bandes à l'aide de ciseaux (facultatif)

1 c. à café de graines de sésame (facultatif)

** Vous trouverez ces ingrédients au rayon asiatique des magasins ou dans n'importe quel marché ou supermarché asiatique.*

Dans un *donabe* ou une casserole, mélanger l'eau et l'algue kombu. Laisser mijoter très doucement pendant 10 min. Ne pas faire bouillir, car l'algue kombu rendrait le bouillon amer. Retirer l'algue kombu et la jeter. Ajouter le tamari, le vinaigre de riz, le gingembre, l'ail, les champignons et la patate douce. Porter à ébullition, couvrir, réduire le feu et laisser mijoter pendant 15 min. Les champignons doivent être mous et la patate douce tendre.

Porter un grand faitout d'eau à ébullition. Préparer les nouilles selon les instructions figurant sur l'emballage. Les égoutter et les rincer à l'eau froide.

Ajouter les nouilles, le pak-choï, la cébette et le tofu dans la casserole. Couvrir et laisser le pak-choï cuire pendant 1 ou 2 min, jusqu'à ce qu'il soit tendre mais encore vert vif.

Servir la soupe avec l'algue nori, les graines de sésame (si vous en utilisez) et du tamari supplémentaire, et les œufs mollets si vous n'avez pas utilisé de tofu.

**POUR 2 PERSONNES**

**POUR UNE VERSION VEGAN**
Ne pas mettre d'œufs.

**POUR UNE VERSION SANS GLUTEN**
Utiliser des nouilles sans gluten.

# *Pâtes*

## CINQ RECETTES FACILES

POUR 2 PERSONNES

### 1 PÂTES D'ÉTÉ AU THYM

Faire chauffer **2 c. à soupe d'huile d'olive** dans une poêle moyenne à feu doux. Ajouter **1 échalote moyenne hachée**, **350 g de tomates cerise**, les feuilles de **6 brins de thym**, du **sel**, du **poivre** et des **flocons de piment rouge séché**. Faire revenir jusqu'à ce que les tomates éclatent, pendant environ 6 min, puis ajouter **½ c. à café de vinaigre balsamique** et **2 gousses d'ail** finement hachées. Incorporer **110 g d'*orecchiette*** cuites. Garnir de **pecorino râpé** et de **basilic frais**.

### 2 CARBONARA DE COURGETTE

Dans un petit saladier, battre **1 œuf** avec **2 c. à soupe de boisson végétale d'amande** et **25 g de pecorino râpé**. Faire chauffer **½ c. à soupe d'huile d'olive** dans une poêle moyenne à feu moyen. Ajouter **1 courgette** en spirales, du **sel** et du **poivre**. Faire revenir jusqu'à ce que la courgette soit tendre, puis retirer du feu. Ajouter **110 g de bucatinis** cuits ainsi que la préparation à base d'œufs et mélanger. Garnir de **basilic frais**.

**ASTUCE** Pour des pâtes bien assaisonnées, salez fortement l'eau de cuisson des pâtes.

# 3

## *AGLIO E OLIO*, CITRON ET CHOU KALE

Faire chauffer **1 c. à soupe d'huile d'olive** dans une poêle à feu doux. Ajouter **¼ de c. à café de flocons de piment rouge séché**, **1 gousse d'ail finement hachée**, **150 g de chou kale haché**, du **sel** et du **poivre**. Mélanger avec **170 g de spaghettis** cuits et **2 c. à soupe de jus de citron**. Garnir de **dés de citrons confits express** (voir page 279) ou de **zeste de citron bio**, de **pignons de pin torréfiés** et de **pecorino râpé**.

*Salez et poivrez à votre convenance avant de servir !*

## *FETTUCCINE* AU FENOUIL 4

Couper **1 bulbe de fenouil** en quartiers et le faire rôtir jusqu'à ce qu'il soit tendre (voir page 235). Mélanger **80 ml de sauce César vegan** (voir page 111) avec **120 ml d'eau de cuisson** des pâtes, puis mélanger le tout avec **110 g de *fettuccine*** cuites. Garnir avec les quartiers de fenouil, **40 g de petits pois**, de la **ciboulette** et de l'**estragon** frais ciselés, et saupoudrer de **sel** et de **poivre**. Servir avec des **quartiers de citron**.

# 5

## PÂTES AU CHOU-FLEUR RÔTI, YAOURT ET HARISSA

Mélanger **110 g de pâtes cuites** avec **300 g de chou-fleur rôti** (voir page 235). Arroser d'**huile d'olive** et ajouter de la **harissa** maison (voir page 281), du **yaourt à la grecque**, des **pois chiches rôtis** (voir page 293), des **flocons de piment rouge séché**, de la **menthe** et des **graines germées** ou de la **roquette**.

# ACCOMPAG

# & GARN

CHAPITRE 6

# NEMENTS

# ITURES

# PATATE DOUCE RÔTIE, FARRO ET TAHINI

**Certains ingrédients sont faits pour aller ensemble : les tomates et le basilic, le beurre de cacahuète et la confiture, le citron et la lavande, par exemple, sont des accords parfaits. J'aimerais ajouter les patates douces et le tahini à cette liste. Ces quartiers de patate douce, arrosés d'une sauce au tahini citronnée crémeuse, offrent une association de saveurs qui est bien plus que la somme de ses parties. Servez-les sur du farro aux herbes aromatiques et à la roquette pour un accompagnement copieux ou un délicieux déjeuner.**

1 patate douce moyenne, coupée en 2 dans le sens de la longueur puis en 12 morceaux

Huile d'olive vierge extra, pour arroser

Sauce citron-tahini (voir page 130)

Flocons de piment rouge séché (facultatif)

Sel de mer et poivre noir du moulin

**Farro aux herbes aromatiques**

300 g de farro ou de blé complet, cuit (voir page 22)

2 c. à café d'huile d'olive vierge extra

¼ de c. à café de sel de mer

1 c. à soupe de jus de citron frais, plus des quartiers de citron pour servir

Les feuilles de ¼ de bouquet de persil frais, ciselées

Les feuilles de ¼ de bouquet de coriandre fraîche, ciselées

2 c. à soupe de ciboulette fraîche, ciselée

1 pincée de piment de Cayenne moulu

70 g de roquette

Poivre noir du moulin

Préchauffer le four à 220 °C et recouvrir une plaque à four de papier sulfurisé. Placer les morceaux de patate douce sur la plaque, les arroser d'huile d'olive et les assaisonner de sel et de poivre noir. Mélanger pour enrober les morceaux de patate douce, puis les répartir sur la plaque en les espaçant. Les faire rôtir pendant 25 à 30 min, ou jusqu'à ce que les bords soient dorés.

Préparer le farro : dans un saladier, mélanger le farro avec l'huile d'olive, le sel, le jus de citron, le persil, la coriandre, la ciboulette, le piment de Cayenne, la roquette et du poivre noir.

Disposer la salade de farro dans un plat et la recouvrir de patate douce rôtie. Arroser avec la sauce citron-tahini. Servir avec des quartiers de citron et des flocons de piment (si vous en utilisez).

POUR 4 PERSONNES | VEGAN | POUR UNE VERSION SANS GLUTEN
Remplacer le farro par du quinoa.

# RADIS GRILLÉS, POIS CHICHES MARINÉS ET SAUCE AUX FANES DE RADIS

**Si vous pensez ne pas aimer les radis, restez sur cette page ! Le fait de les griller leur donne une belle coloration et adoucit leur saveur amère. Si les radis grillés ne suffisent pas à faire de vous un fan de radis, mangez-les avec la sauce fraîche aux fanes de radis. Vive et crémeuse, elle se marie aux radis grillés et à des pois chiches marinés citronnés pour un accompagnement printanier ou un repas léger.**

### Sauce aux fanes de radis

35 g de fanes de radis

1 gousse d'ail, épluchée

Les feuilles de 1 petit bouquet de basilic frais, ciselées

½ c. à café de zeste de citron bio

1 c. à soupe de jus de citron

½ c. à café de miel ou de sirop d'érable

½ c. à café de sel de mer

225 g de yaourt à la grecque au lait entier

2 c. à soupe d'huile d'olive vierge extra

### Radis et pois chiches

8 radis ronds

Huile d'olive vierge extra, pour arroser

1 portion de pois chiches marinés (voir page 293)

2 mini-concombres, coupés en fines rondelles

2 c. à soupe de persil frais, ciselé

2 c. à soupe de pignons de pin, torréfiés

Sel de mer en flocons (flocons de sel de Maldon ou fleur de sel), pour saupoudrer

Sel de mer et poivre noir du moulin

**Remarque :** *le surplus de sauce peut être conservé au réfrigérateur et utilisé comme dip avec des légumes ou être tartiné dans des sandwichs.*

Préparer la sauce aux fanes de radis : porter une petite casserole d'eau à ébullition et placer un saladier d'eau glacée à proximité. Plonger les fanes et l'ail dans l'eau bouillante pour les blanchir. Retirer les fanes après environ 10 s, ou lorsqu'elles sont juste ramollies, et les transférer dans l'eau glacée. Retirer l'ail 1 min plus tard et le réserver. Égoutter les fanes, les éponger et les hacher.

Dans un blender, mettre les fanes, l'ail, le basilic, le zeste de citron, le jus de citron, le miel, le sel et le yaourt. Mixer jusqu'à ce que le tout soit bien mélangé. Ajouter l'huile d'olive en filet et mélanger à nouveau. Mettre au réfrigérateur jusqu'au moment de servir.

Préchauffer un barbecue, une plancha ou une poêle gril à température moyenne-élevée. Trancher finement 2 radis et les réserver. Arroser les radis restants d'huile d'olive, les saupoudrer de sel et de poivre et les faire griller 3 min de chaque côté, ou jusqu'à ce qu'ils soient légèrement brûlés. Couper les gros radis en 4 et les petits en 2.

Dans un plat de service, mettre les pois chiches marinés, les concombres, les radis crus tranchés ainsi que le persil et mélanger délicatement. Ajouter les radis grillés, des pignons de pin, 1 filet d'huile d'olive, du sel de mer en flocons et de la sauce aux fanes de radis. Servir avec le reste de la sauce à côté.

POUR 4 PERSONNES | SANS GLUTEN

**ASTUCE**

Utilisez les restes dans des bowls. Ajoutez du tofu à la sauce *sriracha* (voir page 147) et des épinards cuits à la vapeur aux portions individuelles.

# « RIZ » DE CHOU-FLEUR PILAF PARFUMÉ À L'ORANGE

**Il s'agit de ma version d'un riz pilaf avec du « riz » de chou-fleur. La sauce est acidulée, légèrement sucrée et juste un peu piquante. Les fruits à coque torréfiés, les raisins secs, la grenade et la menthe apportent une multitude de saveurs et de textures à ce plat. Servez-le en accompagnement de n'importe quel type de protéine que vous aimez.**

**Sauce**

1 c. à soupe de zeste d'orange bio
3 c. à soupe de jus d'orange fraîchement pressé
½ c. à soupe d'huile d'olive vierge extra
1 c. à soupe de vinaigre de riz
1 c. à café de gingembre frais, haché
½ c. à café de sauce *sriracha*
½ c. à café de sel de mer
1 pincée de flocons de piment rouge séché

**Pilaf**

1 petit chou-fleur, fleurettes seulement (450 g)
½ c. à soupe d'huile d'olive vierge extra
1 échalote, émincée
2 cébettes (ou cives), finement émincées
40 g d'amandes, torréfiées et concassées
40 g de pistaches, torréfiées et concassées
40 g de raisins secs
40 g de graines de grenade
Les feuilles de ¼ de bouquet de persil frais, ciselées
Les feuilles de ¼ de bouquet de coriandre fraîche, ciselées
Les feuilles de quelques brins de menthe fraîche
1 ½ c. à café de zeste d'orange bio
Quartiers d'orange, pour servir
Sel de mer et poivre noir du moulin

Préparer la sauce : dans un petit saladier, mélanger au fouet le zeste d'orange, le jus d'orange, l'huile d'olive, le vinaigre de riz, le gingembre, la sauce *sriracha*, le sel et les flocons de piment. Réserver.

Préparer le pilaf : en plusieurs fois, mettre le chou-fleur dans un robot et le mixer jusqu'à ce qu'il ressemble à du riz.

Faire chauffer l'huile d'olive dans une grande poêle à feu moyen. Ajouter l'échalote et la faire revenir, en remuant, pendant 6 min ou jusqu'à ce qu'elle soit tendre. Ajouter le « riz » de chou-fleur, les cébettes, une généreuse pincée de sel et du poivre noir. Cuire, en remuant fréquemment, pendant 2 à 3 min supplémentaires, jusqu'à ce que le chou-fleur soit tout juste ramolli. Ne pas trop cuire.

Retirer la poêle du feu et laisser refroidir légèrement. Transférer la préparation dans un saladier et mélanger avec les trois quarts de la sauce, les amandes, les pistaches, les raisins secs, les graines de grenade, le persil, la coriandre, la menthe et le zeste d'orange. Assaisonner de sel et de poivre.

Transférer le mélange dans un plat, arroser avec le reste de la sauce et servir avec des quartiers d'orange.

POUR 4 PERSONNES | VEGAN & SANS GLUTEN

# SALADE DE CHOU AU TAHINI

**Je pensais avoir fait des salades de type coleslaw avec tous les légumes possibles, jusqu'au jour où j'ai découvert la salade de chou cavalier – du génie ! Je suis rentrée à la maison pour recréer ma propre version tant que le goût était encore frais dans ma mémoire. Les feuilles de chou cavalier crues sont suffisamment robustes pour être recouvertes d'une sauce épaisse et crémeuse, ici au tahini. Émincez vos feuilles de chou en les roulant d'abord, puis en les coupant en chiffonnade.**

**Sauce**

60 g de tahini

3 c. à soupe de jus d'orange frais

2 c. à soupe de jus de citron frais

2 c. à soupe de vinaigre de cidre

1 c. à soupe de moutarde de Dijon

½ c. à café de sel de mer

¼ de c. à café de poivre noir du moulin

**Salade**

1 botte de feuilles de chou cavalier (ou de chou kale)

100 g de chou rouge, râpé

4 carottes moyennes, râpées

110 g de pois gourmands, coupés en 2 dans le sens de la longueur et de la largeur

3 cébettes (ou cives), émincées

35 g de graines de sésame

Sel de mer et poivre noir du moulin

Préparer la sauce : dans un petit saladier, mélanger le tahini, le jus d'orange, le jus de citron, le vinaigre de cidre, la moutarde, le sel et le poivre. Réserver.

Préparer la salade : retirer les grosses tiges des feuilles de chou. Empiler les feuilles les unes sur les autres, les rouler et les couper en fines lanières. Dans un saladier, mélanger les feuilles de chou cavalier (ou kale), le chou rouge, les carottes, les pois gourmands et les cébettes.

Verser 1 filet de sauce sur les légumes et mélanger pour les enrober. La salade est meilleure si vous la laissez reposer à température ambiante pendant au moins 10 min avant de la servir. Goûter et rectifier l'assaisonnement si nécessaire. Garnir de graines de sésame.

POUR 4 À 6 PERSONNES | VEGAN & SANS GLUTEN

**ASTUCE**

Cette salade se conserve non seulement quelques jours au réfrigérateur, mais elle est encore meilleure le lendemain ou le surlendemain, quand le chou a ramolli.

# GRATIN DE CHOU-FLEUR

**Dès que l'automne arrive, j'ai envie d'aliments crémeux et réconfortants, c'est pourquoi je suis obsédée par cet accompagnement à base de chou-fleur. À la place du fromage et de la crème épaisse, la sauce « crémeuse » est préparée en hachant et en mixant le trognon du chou-fleur avec des noix de cajou, un peu de jus de citron et un soupçon de moutarde de Dijon (que vous ne sentirez pas vraiment, mais qui ajoute un peu de piquant). J'adore servir ce plat lors d'un repas de fête.**

3 c. à soupe d'huile d'olive vierge extra, plus un peu pour badigeonner

1 petit chou-fleur (450 g)

75 g de noix de cajou crues

180 ml d'eau

2 c. à soupe de jus de citron frais

1 c. à soupe de miso

3 gousses d'ail, épluchées

½ c. à café de moutarde de Dijon

1 petit oignon jaune, finement émincé

Sel de mer et poivre noir du moulin

**Topping**

35 g de chapelure panko

40 g de pignons de pin, concassés ou de graines de chanvre

¼ de c. à café de sel de mer

Les feuilles de quelques brins de persil frais, ciselées

Préchauffer le four à 200 °C et badigeonner d'huile d'olive un plat à four de 28 × 18 cm.

Détailler les fleurettes de chou-fleur en petits morceaux et les réserver.

Hacher grossièrement le trognon et les tiges de chou-fleur. Porter à ébullition une casserole moyenne d'eau salée et y faire bouillir les tiges de chou-fleur (pas les fleurettes !) pendant 5 min ou jusqu'à ce qu'elles soient tendres (vérifier à l'aide d'une fourchette). Les transférer dans un blender avec les noix de cajou, l'eau, le jus de citron, le miso, l'ail, la moutarde, 2 c. à soupe d'huile d'olive, ½ c. à café de sel et du poivre noir. Mixer jusqu'à obtenir une sauce crémeuse.

Préparer le topping : dans un petit saladier, mélanger la chapelure panko, les pignons de pin et le sel. Réserver.

Faire chauffer le reste de l'huile d'olive dans une grande poêle à feu moyen. Ajouter l'oignon avec des pincées de sel et le faire revenir jusqu'à ce qu'il soit tendre, pendant environ 5 min. Incorporer les fleurettes de chou-fleur et la moitié de la sauce. Mélanger et transférer dans le plat à four. Verser uniformément le reste de la sauce sur le dessus et saupoudrer du mélange à base de chapelure panko. Cuire au four pendant 30 min ou jusqu'à ce que le chou-fleur soit doré et tendre. Parsemer de persil et servir.

POUR 6 PERSONNES | VEGAN | **POUR UNE VERSION SANS GLUTEN** Utiliser de la chapelure panko sans gluten.

**ASTUCE** Voir mes suggestions de menu pour la fête de la récolte d'automne à la page 307.

# CAROTTES RÔTIES AVEC TZATZIKI AUX FANES DE CAROTTES

**Ne jetez pas les fanes de carottes ! J'adore les utiliser de manière créative – je les transforme en sauce *chimichurri*, en pesto, ou je les hache et en parsème simplement mes salades. Dans cette recette, je les incorpore à un tzatziki non traditionnel qui est délicieux avec ces carottes rôties aux épices. Réservez cette recette pour le jour où vous disposerez d'une belle botte de carottes fraîches avec de belles fanes. Veillez à prendre des carottes de petite taille, car elles sont plus sucrées et plus concentrées en goût, ce qui fait toute la différence dans cette recette simple.**

1 botte de carottes avec les fanes, nettoyées, fanes réservées pour la sauce

Huile d'olive vierge extra, pour la cuisson des carottes

¼ de c. à café de cumin moulu

¼ de c. à café de coriandre moulue

Sel de mer et poivre noir du moulin

**Tzatziki aux fanes de carottes**

150 g de yaourt à la grecque

1 c. à soupe d'huile d'olive vierge extra

1 gousse d'ail, finement hachée

¼ de c. à café de zeste de citron bio

1 ½ c. à soupe de jus de citron frais

4 c. à soupe de fanes de carottes, ciselées, la moitié réservée pour garnir

2 c. à soupe de feuilles de menthe fraîche, ciselées, la moitié réservée pour garnir

2 c. à soupe d'aneth, ciselé, la moitié réservée pour garnir

2 c. à soupe d'eau

¼ de c. à café de sel de mer

Poivre noir du moulin

Préchauffer le four à 220 °C et recouvrir une plaque à four de papier sulfurisé.

Placer les carottes entières sur la plaque et les mélanger avec 1 filet d'huile d'olive, le cumin, la coriandre, du sel et du poivre. Rouler les carottes entre vos mains pour les enrober et les disposer sur la plaque en les espaçant. Les faire rôtir pendant 15 à 25 min, ou jusqu'à ce qu'elles soient tendres (vérifier à l'aide d'une fourchette) et légèrement dorées, mais pas pâteuses. Le temps de cuisson dépend de la taille des carottes. Les sortir du four et les couper en 2 dans le sens de la longueur.

Préparer le tzatziki aux fanes de carottes : dans un petit saladier, mélanger le yaourt, l'huile d'olive, l'ail, le zeste de citron, le jus de citron, 2 c. à soupe de fanes de carottes, 1 c. à soupe de menthe, 1 c. à soupe d'aneth, l'eau, le sel et du poivre noir.

Étaler le tzatziki sur un plat de service. Disposer les carottes au-dessus. Garnir avec les restes de fanes de carottes, de menthe et d'aneth. Assaisonner à votre convenance.

POUR 4 PERSONNES | SANS GLUTEN

**ASTUCE**

Préparez un repas avec les restes de carottes en les coupant et en les mélangeant à du farro, des pois chiches rôtis, de la roquette, des noix ou des graines torréfiées, de la feta et du tzatziki.

# FOCACCIA AU ROMARIN ET AU CITRON

**Un hiver, pendant ses vacances, Jack s'est mis à faire du pain. Bien que ce fût une période amusante, les pains à plusieurs pousses qu'il préparait prenaient beaucoup de temps ! La focaccia, elle, ne nécessite pas de passer un week-end entier à surveiller la pâte. J'aime particulièrement cette recette, avec sa touche de citron. Veillez à vous procurer des citrons bio à la peau fine et à les trancher aussi finement que possible pour que l'écorce soit suffisamment tendre pour être dégustée.**

420 ml d'eau chaude (40 à 45 °C)

1 sachet de levure boulangère sèche (8 g)

1 c. à soupe de sucre de canne blond

420 g de farine de blé tous usages, plus un peu pour pétrir

180 g de farine de blé T 110

1 c. à soupe de sel de mer

120 ml d'huile d'olive vierge extra, plus un peu pour badigeonner le saladier

2 petits citrons bio à peau fine, tranchés très finement et épépinés

1 c. à soupe de romarin, ciselé

½ c. à café de flocons de piment rouge séché

Sel de mer en flocons (flocons de sel de Maldon ou fleur de sel), pour saupoudrer

Dans un saladier, mélanger l'eau chaude, la levure et le sucre. Réserver pendant 5 min, jusqu'à ce que la levure devienne mousseuse.

Dans la cuve d'un robot équipé d'un crochet pétrisseur, mettre les farines, le sel, 60 ml d'huile d'olive et le mélange à base de levure, et mélanger à vitesse moyenne pendant 5 à 6 min, jusqu'à ce que la pâte forme une boule autour du crochet.

Déposer la pâte sur une surface légèrement farinée et la pétrir, en la saupoudrant de farine si nécessaire, puis en faire une boule. Badigeonner un saladier d'huile d'olive et y placer la pâte. Couvrir d'un film alimentaire et réserver pour que la pâte lève, pendant 40 à 50 min, jusqu'à ce qu'elle ait doublé de volume.

Enduire une plaque à pâtisserie à rebords de 25 × 38 cm avec le reste de l'huile d'olive. Transférer la pâte sur une surface légèrement farinée et la pétrir. La placer sur la plaque et l'étaler jusqu'aux bords. Retourner la pâte et l'étaler à nouveau jusqu'aux bords. Faire des trous avec vos doigts, à quelques centimètres d'intervalle, sur toute la pâte. Couvrir la plaque d'un film alimentaire et laisser la pâte lever jusqu'à ce qu'elle ait doublé de volume, pendant environ 40 min.

Préchauffer le four à 220 °C. Retirer le film alimentaire et répartir les tranches de citrons sur la surface de la pâte. Parsemer de romarin, de flocons de piment et de sel en flocons et cuire au four pendant 20 min, jusqu'à ce que la pâte soit dorée.

POUR 6 À 8 PERSONNES | VEGAN

# BROCCOLINIS ET BURRATA AU CITRON

**J'adore les accompagnements simples à base de légumes qui sont… eh bien… simples. Si vous avez des citrons confits à portée de main, cette recette prend environ 10 min du début à la fin. Le broccolini est un merveilleux légume amer qui devient moins amer à mesure qu'il cuit, c'est pourquoi je le blanchis, puis le fais revenir dans de l'huile d'olive avec de l'ail et des flocons de piment rouge. La burrata crémeuse, les citrons acidulés et les pistaches torréfiées confèrent à ce plat simple de nombreux contrastes de saveurs et de textures. Jack et moi l'accompagnons souvent de pain et de vin et appelons cela un dîner (léger).**

1 botte de broccolinis (ou brocoli nain), extrémités des tiges coupées

1 à 2 c. à soupe d'huile d'olive vierge extra, plus un peu pour servir

2 gousses d'ail, émincées

¼ de c. à café de flocons de piment rouge séché

110 g de burrata ou de mozzarella fraîche

1 c. à soupe de dés de citrons confits express (voir page 279) ou ½ c. à soupe de jus de citron frais

2 c. à soupe de pistaches, torréfiées et concassées

Sel de mer en flocons (flocons de sel de Maldon ou fleur de sel), pour saupoudrer

Porter à ébullition un grand faitout d'eau salée. Faire bouillir les broccolinis pendant 3 min, puis l'égoutter.

Dans une grande poêle profonde placée sur feu moyen, faire chauffer suffisamment d'huile d'olive pour bien recouvrir le fond de la poêle, soit 1 à 2 c. à soupe. Ajouter l'ail et le faire revenir pendant 30 s, puis ajouter les flocons de piment. Ajouter les broccolinis et les faire revenir, en remuant la poêle et en mélangeant doucement pour qu'ils cuisent uniformément, pendant 3 à 5 min, jusqu'à ce qu'ils soient tendres, en particulier les tiges.

Retirer la préparation de la poêle en l'égouttant. Disposer les broccolinis sur une assiette ou un plat. Déchirer la burrata et placer des morceaux régulièrement espacés sur les broccolinis. Parsemer de citrons confits, de pistaches et de sel de mer en flocons. Arroser de 1 filet d'huile d'olive (si vous le souhaitez) et servir.

POUR 4 PERSONNES

POUR UNE VERSION VEGAN
Ne pas mettre de burrata et ajouter du fauxmage d'amande (voir page 73).

SANS GLUTEN

# RÔTIR DES LÉGUMES

## DE A À Z

**ASTUCE**

Ajoutez les légumes rôtis dans des bowls à base de céréales et dans des salades avec les sauces de la page 130.

*Peler ou ne pas peler les légumes ?*

Sauf indication contraire, je n'épluche pas les légumes ! Les peaux contiennent de nombreux nutriments. Si les légumes sont un peu sales : nettoyez-les. S'ils sont très sales ou abîmés, alors épluchez-les.

Préchauffer le four et recouvrir une plaque à four de papier sulfurisé. Mélanger les légumes avec de l'huile d'olive, du sel de mer et du poivre et les répartir uniformément sur la plaque. Les rôtir jusqu'à ce que les bords soient dorés. Les temps de cuisson peuvent varier en fonction de la taille et de la fraîcheur des légumes.

| PRODUIT | °C | INSTRUCTIONS DE PRÉPARATION | MIN |
|---|---|---|---|
| AIL | 190 °C | couper le sommet de la tête d'ail, l'envelopper dans du papier d'aluminium | 35 à 40 |
| ASPERGES | 220 °C | couper les extrémités, les rôtir entières | 12 |
| AUBERGINES | 220 °C | les couper en dés de 2,5 cm | 20 à 25 |
| BETTERAVES | 220 °C | les envelopper dans du papier d'aluminium avec de l'huile d'olive, du sel et du poivre (les peler après le rôtissage) | 60 |
| BROCOLI | 200 °C | le détailler en fleurettes | 15 à 20 |
| CAROTTES | 230 °C | les rôtir entières ou coupées en morceaux de 2,5 cm | 15 à 25 |
| CHAMPIGNONS de Paris bruns | 220 °C | couper les grands en tranches de 2,5 cm, laisser les petits entiers | 15 |
| CHOU-FLEUR | 220 °C | le détailler en fleurettes | 25 à 30 |
| CHOU-RAVE | 220 °C | le couper en dés de 2,5 cm | 30 à 35 |
| CHOUX DE BRUXELLES | 220 °C | les couper en 2 | 25 à 35 |
| COURGE BUTTERNUT | 200 °C | la peler, retirer les graines, la couper en dés | 30 à 35 |
| COURGE DELICATA | 220 °C | la couper en 2, ôter les graines, la couper en morceaux de 2,5 cm | 20 à 30 |
| COURGE KABOCHA | 220 °C | retirer les graines, la couper en morceaux | 40 à 55 |
| COURGE SPAGHETTI | 200 °C | la couper en 2, retirer les graines, la faire rôtir face coupée vers le bas, la gratter à l'aide d'une fourchette | 30 à 40 |
| COURGETTES vertes et jaunes | 220 °C | les couper en rondelles de 1 cm | 8 à 10 |
| ÉCHALOTES | 200 °C | les peler, couper les grosses en 2, les retourner à mi-cuisson | 30 à 40 |
| FENOUILS | 200 °C | enlever les pluches, les couper en morceaux de 2,5 cm | 25 à 35 |
| NAVETS | 230 °C | les couper en morceaux de 2,5 cm | 25 à 30 |
| OIGNONS | 220 °C | les couper en morceaux de 2,5 cm | 30 |
| PANAIS | 220 °C | les couper en morceaux de 2,5 cm | 20 à 25 |
| PATATES DOUCES | 220 °C | les rôtir entières (sans papier d'aluminium) ou les couper en morceaux de 2,5 cm | 25 à 60 |
| PIMENTS *JALAPEÑOS* | 230 °C | les rôtir entiers et à sec (retirer les pédoncules et les peler après le rôtissage) | 15 |
| PIMENTS *POBLANOS* | 220 °C | les rôtir entiers et à sec (retirer les pédoncules et les peler après le rôtissage) | 20 à 30 |
| POIREAUX | 220 °C | les couper en rondelles de 2,5 cm, bien les rincer | 15 à 20 |
| POIVRONS | 220 °C | les rôtir entiers et à sec (retirer les pédoncules et les peler après le rôtissage) | 20 à 30 |
| POMMES DE TERRE | 220 °C | couper les petites en 2, les grandes en morceaux de 2,5 cm | 30 à 35 |
| RADICCHIOS | 220 °C | les couper en 6 ou 8 dans la hauteur, les retourner à mi-cuisson | 15 à 20 |
| RADIS (ROUGES) | 230 °C | les couper en 2, les rôtir côté coupé vers le bas | 10 à 12 |
| RUTABAGAS | 220 °C | les couper en morceaux de 2,5 cm | 35 à 40 |
| TOMATES (CERISE) | 150 °C | les couper en 2, les placer face coupée vers le haut | 60 à 90 |

# GUIDE POUR GRILLER LES LÉGUMES

## PRÉPARATION DES LÉGUMES

Sauf indication contraire, arroser les légumes d'huile d'olive et les saupoudrer de sel de mer et de poivre noir avant de les faire griller. Les griller à feu moyen-élevé jusqu'à ce que des marques apparaissent. Chaque poêle gril étant différente, les temps de cuisson peuvent varier. Pour éviter que les légumes n'attachent, attendre que la poêle soit entièrement préchauffée. Utiliser de l'huile de cuisson en spray si nécessaire.

**ASPERGES** Griller les asperges entières pendant 3 à 4 min de chaque côté, ou jusqu'à ce qu'elles soient tendres mais aussi bien croustillantes et grillées. Presser du citron dessus.

**AUBERGINES** Couper les petites aubergines en 2 et les faire griller de chaque côté pendant 5 à 8 min, ou jusqu'à ce qu'elles soient tendres et légèrement brûlées. Couper les aubergines plus grosses en tranches dans le sens de la longueur ou en rondelles et les faire griller pendant 3 à 4 min de chaque côté. Griller les plus grosses aubergines pour les farcir (voir les aubergines farcies à la méditerranéenne, page 179).

**AVOCATS** Griller les moitiés d'avocats, côté coupé vers le bas, pendant 3 à 5 min ou jusqu'à ce que des marques apparaissent. Servir avec 1 filet de jus de citron vert et 1 pincée de sel.

**BROCOLI** Le détailler en grosses fleurettes et les faire griller pendant 3 à 4 min de chaque côté, jusqu'à ce qu'elles soient légèrement brûlées et tendres. Arroser de jus de citron et parsemer de parmesan.

**CHAMPIGNONS** Enduire les champignons d'huile d'olive, de tamari et de vinaigre balsamique. Griller les chapeaux de portobellos pendant 5 à 7 min de chaque côté, et les chapeaux de champignons shiitakés et de champignons de Paris bruns pendant 2 à 3 min de chaque côté. Vous pouvez également enfiler des champignons de Paris bruns sur des piques à brochettes et les faire griller pendant 8 min de chaque côté, ou jusqu'à ce qu'ils soient légèrement brûlés.

**CHOU-FLEUR** Griller des tranches de 2,5 cm d'épaisseur pendant 5 à 7 min de chaque côté, jusqu'à ce qu'elles soient légèrement brûlées. Les utiliser à la place des « steaks » de chou-fleur rôtis dans la recette de « steaks » de chou-fleur, *salsa verde* au citron (voir page 145). Vous pouvez aussi faire griller les fleurettes de chou-fleur pendant 3 à 5 min de chaque côté.

**COURGE D'ÉTÉ** La couper en tranches dans le sens de la longueur et les faire griller pendant 2 à 4 min de chaque côté, ou la couper en rondelles, les enfiler sur des piques à brochettes et les faire griller pendant 8 min de chaque côté (voir les brochettes arc-en-ciel de légumes d'été, page 163).

**GOMBOS** Enfiler les gombos sur des piques à brochettes et les griller pendant 3 à 5 min de chaque côté, jusqu'à ce qu'ils soient légèrement brûlés et tendres. Servir avec de la sauce *chimichurri* (voir page 283).

**ROMAINE** La couper en 2 et la faire griller pendant 1 à 2 min de chaque côté (voir la salade César à la romaine grillée, page 111).

**MAÏS** Placer les épis de maïs dans la poêle gril et les tourner régulièrement jusqu'à ce qu'ils soient légèrement brûlés sur toute la surface. Servir l'épi entier avec 1 filet de jus de citron vert, ou retirer les grains et les ajouter dans une salade d'été.

**OIGNONS** Couper les oignons rouges en quartiers, les enfiler sur des piques à brochettes et les faire griller 8 min de chaque côté. Ils ajoutent de la saveur et de la couleur aux brochettes aux côtés d'autres légumes !

**PÊCHES** Bien graisser la poêle gril. Couper les pêches en quartiers et les faire griller 2 à 3 min de chaque côté.

**PIMENTS *SHISHITO*** Utiliser un barbecue, une plancha ou une poêle gril. Les griller jusqu'à ce qu'ils soient brûlés. Les arroser d'huile de sésame et les parsemer de graines de sésame.

**POIREAUX** Couper les poireaux en 2 dans le sens de la longueur. Les rincer et bien les sécher. Les griller de chaque côté jusqu'à ce qu'ils soient légèrement brûlés et tendres. Presser du citron au-dessus et servir, ou les hacher et les ajouter dans des salades.

**POIVRONS ET PIMENTS** Griller les poivrons et piments entiers à sec dans la poêle gril, en les tournant régulièrement jusqu'à ce qu'ils soient bien brûlés sur toute la surface. Les placer dans un saladier, couvrir de papier d'aluminium et les réserver pendant 15 min. Lorsqu'ils sont froids au toucher, retirer le pédoncule ainsi qu'une partie de la peau brûlée. Les utiliser dans toutes les recettes qui nécessitent du piment rouge grillé (voir la harissa maison, page 281). Faire griller des poivrons ou des piments *poblanos* pour les farcir (voir les poivrons farcis aux haricots noirs épicés et à la mangue, page 165), ou pour les utiliser dans des brochettes (voir les brochettes arc-en-ciel de légumes d'été, page 163).

**POMMES DE TERRE** *(grenailles et nouvelles)* Les cuire à l'eau jusqu'à ce qu'elles soient tendres. Les couper en 2. Les mélanger avec de l'huile d'olive, du sel et du poivre. Les griller côté coupé vers le bas jusqu'à ce qu'elles soient légèrement brûlées, puis les retourner. Le temps de cuisson dépend de la taille des pommes de terre.

**RADICCHIOS** Les couper en quartiers et les faire griller de chaque côté. Les arroser de vinaigre balsamique et les parsemer de pecorino râpé.

**TOMATES** Griller les tomates cerise entières jusqu'à ce qu'elles soient brûlées. Pour les tomates grappe ou les tomates olivettes, les faire griller 12 à 15 min ou jusqu'à ce qu'elles éclatent.

# DESS

CHAPITRE 7

# ERTS

# COOKIES AUX AMANDES ET AUX PÉPITES DE CHOCOLAT SANS FARINE

**Lorsque j'ai commencé à travailler sur cette recette, je suivais temporairement un régime sans produits laitiers ni céréales. J'arrivais très bien à me passer de sucreries, jusqu'au jour où j'ai eu BESOIN d'un cookie. J'ai donc imaginé cette recette, qui me permettait de manger des cookies, et depuis je n'ai cessé de l'améliorer. Non seulement tout le monde peut manger ces cookies, indépendamment des restrictions alimentaires, mais c'est aussi une recette qui ne nécessite qu'un seul saladier ! Les amandes donnent aux cookies une consistance riche et apportent un goût supplémentaire, et bien que j'aie indiqué que l'ajout de sel de mer en flocons sur le dessus est facultatif, je le recommande vivement, car cela donne à ces cookies une saveur incomparable.**

1 c. à soupe de graines de lin moulues

3 c. à soupe d'eau, plus un peu si nécessaire

2 c. à soupe d'huile de coco, ramollie mais non fondue

90 g de sucre de coco ou de sucre de canne brun

60 g de purée d'amande

1 c. à café d'extrait naturel de vanille

220 g de farine d'amande

½ c. à café de bicarbonate de soude

¼ de c. à café de sel de mer

85 g de pépites de chocolat noir minimum 60 % de cacao

Sel de mer en flocons (flocons de sel de Maldon, ou fleur de sel), pour saupoudrer (facultatif)

**Remarque :** *pour réchauffer des cookies congelés, les faire cuire au four à 180 °C pendant 5 min ou jusqu'à ce qu'ils soient bien chauds.*

Préchauffer le four à 180 °C et recouvrir une plaque à pâtisserie de papier sulfurisé.

Dans un saladier, mélanger au fouet les graines de lin moulues et l'eau et laisser épaissir pendant 5 min.

Dans le même saladier, ajouter l'huile de coco, le sucre de coco, la purée d'amande et la vanille. Fouetter jusqu'à ce que le tout soit bien mélangé. Ajouter la farine d'amande et saupoudrer uniformément le bicarbonate de soude et le sel sur le mélange. Utiliser une spatule ou une cuillère en bois pour bien mélanger, en ajoutant 1 ou 2 c. à soupe d'eau si le mélange est trop sec. Incorporer les pépites de chocolat.

Former 16 boules à l'aide d'une cuillère à glace et les déposer sur la plaque à pâtisserie. Aplatir légèrement chaque boule et la saupoudrer de sel de mer en flocons (si vous en utilisez). Les cuire au four pendant 10 à 13 min ou jusqu'à ce que les bords commencent à brunir.

Les laisser refroidir sur la plaque pendant 5 min, puis les transférer sur une grille pour qu'ils finissent de refroidir.

Lorsque les cookies sont complètement refroidis, ils peuvent être conservés dans une boîte hermétique ou congelés.

POUR 16 COOKIES | VEGAN & SANS GLUTEN

# GÂTEAU AU CITRON, À L'HUILE D'OLIVE ET AUX PISTACHES

**Comment un livre écrit par quelqu'un dont le pseudo est « Love & Lemons » pourrait-il ne pas contenir une recette de gâteau au citron ? C'est ce que je me suis demandé après la parution de notre premier livre, et cette recette vient donc remédier à la situation. La farine de pistache, obtenue en broyant les pistaches à l'aide d'un mixeur, donne à ce gâteau une merveilleuse saveur et une texture consistante. Ne négligez pas le glaçage sur le dessus, car c'est ce qui donne à ce gâteau sa saveur vive et acidulée. Vous pouvez utiliser de la farine d'amande à la place de la farine de pistache. Cette recette se décline en petits gâteaux ou en un cake classique.**

125 g de pistaches crues décortiquées*
120 g de farine de blé tous usages
1 c. à café de levure chimique
½ c. à café de sel de mer
80 ml d'huile d'olive vierge extra
80 ml de boisson végétale d'amande
150 g de sucre de canne blond
3 gros œufs
1 c. à soupe de zeste de citron bio
3 c. à soupe de jus de citron frais
1 c. à soupe de pistaches, concassées, pour garnir

**Glaçage**

130 g de sucre glace
1 c. à soupe de zeste de citron bio
2 à 3 c. à soupe de jus de citron frais

** Vous pouvez les remplacer par 110 g de farine d'amande.*

Préchauffer le four à 180 °C et graisser légèrement 2 petits moules ronds (15 cm de diamètre) ou 1 moule à cake.

Passer les pistaches au mixeur pour obtenir une farine grossière. Mesurer 110 g de farine de pistache.

Dans un saladier, mélanger au fouet la farine de pistache, la farine de blé, la levure chimique et le sel.

Dans un autre saladier, mélanger l'huile d'olive, la boisson végétale d'amande, le sucre, les œufs, le zeste de citron et le jus de citron. Fouetter vigoureusement jusqu'à ce que le mélange soit mousseux. Incorporer les ingrédients secs et mélanger jusqu'à obtenir un mélange homogène.

Verser la pâte dans les moules préparés et cuire au four jusqu'à ce qu'un cure-dent inséré au milieu en ressorte propre, soit environ 35 min pour les petits gâteaux et 45 min pour le cake. Retirer du four, laisser refroidir pendant 10 min, puis démouler et laisser refroidir complètement sur une grille.

Préparer le glaçage : dans un saladier, mélanger le sucre glace, le zeste de citron et le jus de citron au fur et à mesure pour obtenir un glaçage lisse qui puisse être versé. Le verser sur le gâteau refroidi et décorer avec les pistaches concassées.

POUR 8 PERSONNES

# BROWNIE AUX DATTES

**J'aime le brownie quand le cœur est moelleux et l'extérieur un peu croustillant. Pendant longtemps, mes tentatives de brownies vegan ressemblaient davantage à des gâteaux au chocolat moelleux qu'à des brownies. Un jour, ma mère a finalement trouvé la solution en incorporant l'ingrédient secret – les dattes – dans la pâte. Cela permet non seulement de sucrer naturellement, mais aussi de donner une texture incroyable. N'omettez pas les pépites de chocolat (ou les morceaux de chocolat), car cela contribue à la texture fondante de ce brownie.**

6 grosses dattes Medjool, dénoyautées
50 g de farine d'avoine maison (voir page 61)
35 g de cacao en poudre non sucré
1 ½ c. à café de bicarbonate de soude
1 pincée de sel de mer
315 g de purée de noix de cajou crémeuse
175 g de sirop d'érable
1 c. à café d'extrait naturel de vanille
50 g de framboises
55 g de pépites de chocolat noir
50 g de noix de macadamia, concassées
Sel de mer en flocons (flocons de sel de Maldon, ou fleur de sel), pour saupoudrer (facultatif)

Préchauffer le four à 160 °C. Vaporiser légèrement un moule de 20 × 20 cm avec de l'huile de cuisson en spray, puis recouvrir le moule de papier sulfurisé, en laissant dépasser quelques centimètres sur 2 côtés.

Si vos dattes ne sont pas molles, trempez-les dans un petit bol d'eau chaude pendant 5 à 10 min.

Dans un saladier, mélanger la farine d'avoine, le cacao en poudre, le bicarbonate de soude et le sel.

Dans un robot, mettre la purée de noix de cajou, le sirop d'érable, l'extrait de vanille et les dattes molles. Mixer jusqu'à obtenir une préparation homogène. Verser cette préparation dans le saladier d'ingrédients secs et mélanger jusqu'à obtenir une boule collante et bien homogène.

Du bout des doigts, étaler délicatement la pâte jusqu'aux bords du moule, en formant une couche plus épaisse sur les bords. Veiller à ne pas trop travailler la pâte et à ne pas appuyer trop fermement. Parsemer de framboises, de pépites de chocolat, de noix de macadamia et de sel de mer en flocons (si vous en utilisez).

Cuire au four pendant 20 min, ou jusqu'à ce que les bords soient légèrement fermes et se détachent du moule, mais que le centre soit encore moelleux. Laisser refroidir complètement avant de couper en carrés.

POUR 16 PARTS | VEGAN & SANS GLUTEN

# CARRÉS CRÉMEUX AU CITRON

**Ces carrés gourmands comblent mon envie de dessert crémeux, mais sans crème ! La garniture est onctueuse grâce au mélange de noix de cajou crues et de crème de coco, mais aussi acidulée grâce au citron. Ils se conservent mieux au congélateur. J'aime les congeler jusqu'à ce qu'ils durcissent, et le fait de les couper en carrés permet de les décongeler un à la fois pour les servir individuellement.**

**Base**

9 dattes Medjool tendres, dénoyautées
125 g de noix
70 g de flocons d'avoine entiers sans gluten
¼ de c. à café de sel de mer
1 à 2 c. à soupe d'eau

**Garniture**

1 boîte de crème de coco* (400 g)
190 g de noix de cajou crues
2 c. à soupe de zeste de citron bio
80 ml de jus de citron frais
105 g de sirop d'érable
1 pincée de sel de mer

** Veillez à utiliser de la crème de coco plutôt que du lait de coco.*

Préparer la base : mettre les dattes, les noix, les flocons d'avoine et le sel dans un robot et mixer jusqu'à obtenir une boule collante. Si nécessaire, ajouter progressivement 1 à 2 c. à soupe d'eau.

Recouvrir un moule de 20 × 20 cm de papier sulfurisé et presser la base dans le fond. La base est très collante, c'est pourquoi j'aime placer une feuille de papier sulfurisé sur le dessus au moment ou je la lisse. Placer le moule au congélateur pendant que vous préparez la garniture.

Préparer la garniture : dans un blender, réduire en purée la crème de coco, les noix de cajou, le zeste de citron, le jus de citron, le sirop d'érable et le sel jusqu'à obtenir un mélange homogène. Verser la garniture sur la base et mettre au congélateur pendant une nuit. Laisser décongeler à température ambiante pendant 20 min avant de découper les parts et de les servir.

POUR 16 CARRÉS | VEGAN & SANS GLUTEN

# SABLÉS AU CITRON ET À LA LAVANDE

**Qu'y a-t-il de plus « zeste d'amour » que ces biscuits en forme de cœur au citron ? La lavande fait ressortir la saveur du citron dans ces sablés peu sucrés. Si vous ne trouvez pas de lavande séchée, le romarin et le thym frais sont également parfaits. Dégustez ces biscuits avec une tasse de votre thé préféré.**

100 g de beurre, ramolli

65 g de sucre de canne blond

Le zeste de 1 citron moyen bio

1 c. à soupe de jus de citron frais

1 c. à café de lavande séchée

150 g de farine de blé tous usages, plus un peu pour étaler la pâte

¼ de c. à café de sel de mer

Préchauffer le four à 180 °C et recouvrir une grande plaque à pâtisserie de papier sulfurisé.

À l'aide d'un batteur électrique, battre le beurre en crème. Ajouter le sucre et battre jusqu'à obtenir un mélange mousseux, en raclant les parois du saladier si nécessaire. Ajouter le zeste de citron, le jus de citron et la lavande et mélanger à nouveau. Ajouter la farine et le sel et mélanger jusqu'à obtenir un mélange homogène. Déposer la pâte sur une surface farinée et l'aplatir en un disque de 2,5 cm d'épaisseur. Si la pâte est collante, l'envelopper et la mettre au réfrigérateur pendant 15 à 30 min jusqu'à ce qu'elle soit ferme mais encore souple.

Étaler la pâte sur une surface légèrement farinée jusqu'à ce qu'elle ait environ 1 cm d'épaisseur. La pâte peut être étalée entre deux feuilles de papier sulfurisé. Utiliser des emporte-pièces de 5 cm pour découper les formes désirées. Transférer sur la plaque à pâtisserie et cuire pendant 10 à 14 min, ou jusqu'à ce que les bords soient légèrement dorés.

Retirer les sablés du four et les transférer sur des grilles pour les laisser refroidir. Ils peuvent être conservés à température ambiante jusqu'à 5 jours.

POUR 30 SABLÉS

# SNICKERDOODLES AU BEURRE DE CACAHUÈTE

**J'adore les *snickerdoodles*, et j'ai essayé longtemps d'en faire une bonne version en utilisant moins de beurre... puis j'ai eu l'idée d'essayer d'incorporer du beurre de cacahuète ! Ces délicieux petits gâteaux moelleux sont amusants à préparer. S'il y a des restes, ils se congèlent bien.**

1 c. à soupe de graines de lin moulues
3 c. à soupe d'eau
180 g de farine de blé tous usages
100 g de farine d'avoine maison (voir page 61)
1 c. à café de levure chimique
½ c. à café de bicarbonate de soude
¼ de c. à café de sel de mer
320 g de sirop d'érable
112 g d'huile de coco, ramollie mais non fondue
125 g de beurre de cacahuète lisse
1 c. à café d'extrait naturel de vanille
45 g de sucre de canne blond
1 c. à soupe de cannelle moulue

Préchauffer le four à 180 °C et recouvrir 2 grandes plaques à pâtisserie de papier sulfurisé.

Dans un bol, mélanger les graines de lin et l'eau et réserver pour faire épaissir.

Dans un saladier, mélanger la farine de blé, la farine d'avoine, la levure chimique, le bicarbonate de soude et le sel.

Dans un autre saladier, mettre le sirop d'érable, l'huile de coco, le beurre de cacahuète, l'extrait de vanille et le mélange à base de graines de lin. Fouetter jusqu'à obtenir un mélange homogène. Verser ce mélange dans le saladier de farines et mélanger jusqu'à ce que tout soit bien combiné.

Dans un bol peu profond, mélanger le sucre et la cannelle.

Prélever des portions de 1 c. à soupe de pâte et les rouler en boules entre vos mains. Rouler les boules dans le mélange de cannelle et de sucre, les placer sur les plaques à pâtisserie et appuyer dessus pour les aplatir légèrement.

Les cuire au four pendant 8 à 10 min, ou jusqu'à ce qu'elles soient légèrement dorées. Les laisser refroidir sur la plaque pendant 10 min, puis les transférer sur une grille pour qu'elles refroidissent complètement.

POUR 24 À 30 SNICKERDOODLES | VEGAN

# SORBET AU BASILIC ET À LA FRAMBOISE

**Cette recette est tellement simple : l'astuce consiste à mixer les ingrédients lorsque les framboises congelées sont juste assez molles pour être mixées (environ 5 min après leur sortie du congélateur), mais pas trop molles pour qu'elles ne décongèlent pas pendant le mixage. Utilisez la spatule du blender pour répartir les framboises congelées dans le mélange. Ce sorbet sucré et acidulé est bien sûr délicieux et rafraîchissant servi seul, mais j'aime le déguster avec une boule de glace à la vanille pour un contraste crémeux.**

400 g de framboises surgelées
320 g de sirop d'érable
Les feuilles de 1 petit bouquet de basilic frais
120 ml de lait de coco allégé en boîte
120 ml d'eau
1 c. à soupe + 1 c. à café de jus de citron frais
¼ de c. à café de sel de mer

**Facultatif :** *passer le sorbet au tamis pour enlever les pépins de framboises. Mettre le sorbet au congélateur jusqu'à ce qu'il prenne.*

Placer les framboises, le sirop d'érable, le basilic, le lait de coco, l'eau, le jus de citron et le sel dans un blender. Mixer à basse vitesse et passer progressivement à haute vitesse. Mixer jusqu'à ce que le mélange soit très lisse et épais, comme la texture d'une glace à l'italienne. (Ne pas trop mélanger ou le sorbet commencera à fondre sous l'effet de la chaleur du blender.)

Servir immédiatement, en gardant cette texture, ou verser le mélange dans un récipient et le placer au congélateur jusqu'à ce qu'il soit plus ferme et que le sorbet puisse être servi en boules, soit pendant 2 à 3 h. Si le sorbet reste au congélateur pendant 1 nuit, le laisser reposer à température ambiante pour qu'il ramollisse 15 min avant de le servir.

POUR 6 À 8 PERSONNES | VEGAN & SANS GLUTEN

# GÂTEAU AU CHOCOLAT, GLAÇAGE À LA PATATE DOUCE

**Il y a quelques années, je suis tombée amoureuse (comme beaucoup d'internautes) du glaçage au chocolat et à l'avocat. Il a cependant un inconvénient : à cause de l'avocat, tout dessert qui utilise ce glaçage doit être consommé dans un délai d'un jour ou deux. Ce glaçage va donc à l'encontre de ma règle « tout avec modération ». C'est alors qu'entre en scène la puissante patate douce ! Réduisez en purée la patate douce et le chocolat avec un peu d'huile de coco, et étalez ce glaçage sur ce gâteau facile à préparer (dans un seul saladier !), que vous pouvez déguster avec modération. En théorie.**

**Glaçage à la patate douce**

- 2 grosses patates douces
- 130 g de pépites de chocolat noir minimum 60 % de cacao
- 25 g de cacao en poudre non sucré
- 2 c. à soupe d'huile de coco fondue
- 1 pincée de sel de mer

**Gâteau au chocolat**

- 180 g de farine de blé tous usages
- 120 g de farine de blé T 110
- 100 g de cacao en poudre non sucré
- 2 c. à café de bicarbonate de soude
- 1 c. à café de sel de mer
- ½ c. à café de cannelle moulue
- 480 ml de boisson végétale d'amande
- 480 g de sirop d'érable
- 120 ml d'huile d'olive vierge extra
- 2 c. à café de vinaigre de cidre
- 2 c. à café d'extrait naturel de vanille

Préparer le glaçage à la patate douce : préchauffer le four à 220 °C. À l'aide d'une fourchette, percer quelques trous dans les patates douces. Les placer sur une plaque à four ou sur une feuille de papier d'aluminium et les faire rôtir jusqu'à ce qu'elles soient très tendres, environ 1 h. Les laisser refroidir légèrement, puis en prélever 150 g. À l'aide d'un robot, réduire en purée la chair de patate douce, les pépites de chocolat, le cacao, l'huile de coco et le sel. La température de la patate douce fera fondre le chocolat. Mettre au réfrigérateur jusqu'au moment de garnir le gâteau.

Préchauffer le four à 180 °C et graisser deux moules à gâteau ronds (20 ou 22 cm de diamètre).

Dans un saladier, mélanger les farines, le cacao, le bicarbonate de soude, le sel et la cannelle. Ajouter la boisson végétale d'amande, le sirop d'érable, l'huile d'olive, le vinaigre de cidre et l'extrait de vanille. Mélanger jusqu'à obtenir un mélange homogène. Verser la pâte dans les moules à gâteau préparés et cuire au four pendant 25 à 30 min, ou jusqu'à ce que les gâteaux soient souples au toucher ou qu'un cure-dent inséré au centre en ressorte propre.

Placer les moules sur des grilles de refroidissement et laisser refroidir pendant 10 min. Décoller délicatement les côtés de chaque gâteau à l'aide d'un couteau. Retirer les gâteaux des moules et les replacer sur les grilles pour qu'ils refroidissent complètement. Recouvrir les gâteaux de glaçage, les superposer et servir. Conserver les restes au réfrigérateur.

POUR 12 PERSONNES | VEGAN

# *CHIA PUDDING* FAÇON TARTE AUX CERISES

**Cette recette était à l'origine prévue pour le petit déjeuner, mais dès que j'ai essayé cette association, je me suis exclamée : « C'est un dessert ! » Ce mariage entre un *chia pudding* crémeux, des griottes et un topping de granola croquant est parfait pour un encas de mi-journée ou un dessert au dîner. Les griottes sont connues pour leurs propriétés anti-inflammatoires, c'est donc un dessert que vous pouvez manger sans culpabilité. La saison des griottes étant courte, je les achète presque toujours congelées.**

### *Chia pudding*

240 ml de lait de coco en boîte
240 ml de boisson végétale d'amande
40 g de graines de chia
1 c. à soupe de sirop d'érable
¼ de c. à café de cannelle moulue
1 pincée de sel de mer

### Granola

90 g de flocons d'avoine entiers sans gluten
30 g de noix, concassées
1 c. à café de cannelle moulue
¼ de c. à café de sel de mer
1 c. à soupe d'huile de coco fondue
2 c. à soupe de sirop d'érable
1 c. à soupe de purée d'amande lisse

### Garniture

200 g de griottes surgelées, décongelées
25 g de copeaux de noix de coco séchée (facultatif)

Préparer le *chia pudding* : dans un grand bocal à couvercle, mélanger le lait de coco, la boisson végétale d'amande, les graines de chia, le sirop d'érable, la cannelle et le sel. Fermer et secouer pour mélanger. Mettre au réfrigérateur toute la nuit.

Préparer le granola : préchauffer le four à 150 °C et recouvrir une plaque à pâtisserie de papier sulfurisé.

Dans un saladier, mélanger les flocons d'avoine, les noix, la cannelle et le sel. Ajouter l'huile de coco et le sirop d'érable en filet, puis la purée d'amande. Remuer jusqu'à ce que le tout soit mélangé. Déposer le granola sur la plaque à pâtisserie et presser le mélange en un disque de 2,5 cm d'épaisseur. Cela favorisera l'agglutination. Faire cuire pendant 15 min, tourner la plaque à mi-cuisson et utiliser une fourchette pour briser délicatement le granola. Poursuivre la cuisson pendant 15 min ou jusqu'à ce que le granola soit doré. Laisser refroidir pendant 15 min avant de servir.

Dresser des verrines avec le *chia pudding* refroidi, du granola, des griottes et des copeaux de noix de coco sur le dessus (si vous en utilisez).

POUR 4 À 6 PERSONNES | VEGAN & SANS GLUTEN

# CRUMBLES DE FRUITS

## 4 VARIATIONS

### RECETTE DE BASE

1 c. à soupe d'huile de coco solide, plus un peu pour graisser le plat

30 g de flocons d'avoine entiers sans gluten

50 g de noix, de noix de pécan ou de pistaches, concassées

25 g de farine d'amande

45 g de sucre de canne brun ou de sucre de coco

½ c. à café de cannelle moulue

1 pincée de sel de mer

1 petite c. à soupe d'eau

Entre 500 et 700 g de fruits, pour la garniture

Préchauffer le four à 180 °C et graisser un plat à four de 18 × 25 cm avec de l'huile de coco.

Dans un robot, mettre les flocons d'avoine, les noix, la farine d'amande, le sucre, la cannelle et le sel et mixer jusqu'à ce que tout soit mélangé. Ajouter l'huile de coco et mixer à nouveau. Ajouter l'eau et mixer à nouveau.

Dans un saladier, mélanger les fruits de la garniture. Les mettre dans le plat à four, les recouvrir de crumble et cuire le tout au four pendant 20 à 28 min, ou jusqu'à ce que les fruits soient tendres et que le crumble soit légèrement doré.

POUR 4 À 6 PERSONNES VEGAN

**Servir avec de la glace à la vanille !**

# 1

## PÊCHES ET MÛRES

3 pêches, dénoyautées et coupées en tranches
100 g de mûres
1 c. à café d'extrait naturel de vanille
½ c. à soupe de jus de citron frais

# 2

## FRAISES ET RHUBARBE

700 g de fraises, équeutées et coupées en 2
100 g de rhubarbe, émincée finement
2 c. à café d'extrait naturel de vanille
1 c. à soupe de farine de blé tous usages

# 3

## MYRTILLES ET CHIA

440 g de myrtilles
1 c. à soupe de graines de chia
2 c. à café d'extrait naturel de vanille
1 c. à soupe de jus de citron frais

# 4

## POIRES ÉPICÉES ET GINGEMBRE

3 poires mûres, trognons retirés, coupées en dés
2 c. à café de gingembre frais râpé
15 g de cranberries séchées
1 c. à café de vinaigre de cidre

# BOULES DE DATTES

**COMMENCER PAR 10 DATTES MEDJOOL MOLLES + ½ C. À CAFÉ DE SEL DE MER**

Puis, choisir une recette sur la page ci-contre et mettre tous les ingrédients (sauf les toppings) dans un robot. Mixer jusqu'à ce que le mélange soit collant. S'il est trop friable, ajouter de l'eau au fur et à mesure. Rouler le mélange en boules, puis rouler les boules dans les toppings. À déguster comme encas ! Les conserver à température ambiante.

## CITRON-NOIX DE COCO

150 g de noix de coco râpée
150 g de noix de macadamia
85 g de purée de noix de cajou
1 ½ c. à soupe de zeste de citron bio
1 c. à soupe de jus de citron frais
¼ de c. à café de curcuma moulu
**Toppings :** 35 g de noix de coco râpée
+ ½ c. à café de zeste de citron bio

## CACAHUÈTE-FRAISE

125 g de farine d'avoine
110 g de cacahuètes
85 g de beurre de cacahuète
3 c. à soupe d'eau
**Topping :** 50 g de fraises
lyophilisées, écrasées

## CAROTTE-GRANOLA

135 g de flocons d'avoine complets
125 g de noix
2 carottes, pelées
et coupées en morceaux
85 g de purée d'amande
40 g de raisins secs
½ c. à café de cannelle moulue

## MATCHA-PISTACHE

165 g de farine d'amande
120 g de pistaches, décortiquées
85 g de purée de noix de cajou
¼ de c. à café de matcha en poudre
1 c. à soupe d'eau
**Toppings :** 60 g de pistaches,
concassées + ¼ de c. à café de
matcha en poudre

## TAHINI-ÉPICES

150 g de noix de coco râpée
80 g de tahini
150 g de graines de sésame
2 c. à soupe de sirop d'érable
1 c. à café de cannelle
¼ de c. à café
de cardamome moulue
**Topping :** 50 g de graines
de sésame

## PÂTE À COOKIES

150 g de farine d'avoine
125 g de noix
85 g de purée d'amande
1 c. à café d'extrait naturel
de vanille
2 c. à soupe d'eau
**Garniture :** 85 g de pépites
de chocolat

# BOIS

CHAPITRE 8

# SONS

# THÉ GLACÉ À L'HIBISCUS MAISON

Jack et moi sommes des buveurs obsessionnels de thé glacé. Alors que certaines personnes sont addicts au café, nous avons besoin de notre dose quotidienne de thé plein d'antioxydants. J'ai toujours adoré le thé à l'hibiscus parfumé, que je commande dans certains de mes restaurants préférés. Lorsque j'ai commencé à en préparer moi-même à la maison, j'ai été encore plus séduite. Pour obtenir un goût franc, j'aime faire infuser mon hibiscus à froid. Vous pouvez trouver des fleurs d'hibiscus en ligne – elles ne coûtent pas cher et sont vendues dans des sachets géants pour que vous puissiez profiter de ce thé pendant un moment !

12,5 g de fleurs d'hibiscus séchées
960 ml d'eau froide filtrée
1 petit bouquet de menthe, pour décorer
25 g de framboises, pour décorer
Sucrant au choix (facultatif)

Placer les fleurs d'hibiscus dans un grand bocal ou un pichet de taille moyenne. Verser l'eau, mélanger et mettre au frais au moins 20 min, jusqu'à ce que le mélange soit rouge vif. Pour une couleur et une saveur plus intenses, laisser au frais toute la nuit. Filtrer, servir avec des glaçons et sucrer à votre convenance. Décorer avec de la menthe fraîche et des framboises.

POUR 4 PERSONNES

VEGAN & SANS GLUTEN

Récolte
2016
west elm

# COCKTAIL *BLUSH* AU CITRON ET AU ROSÉ

**J'aime les citrons. J'aime le rosé. J'aime ce cocktail.**

60 ml de rosé

1 c. à soupe de vodka

1 c. à soupe de triple sec

½ c. à soupe de jus de citron frais, plus 1 rondelle de citron pour décorer

Verser le rosé, la vodka, le triple sec et le jus de citron dans un verre à cocktail de 120 ml. Mélanger et décorer avec une rondelle de citron.

**POUR / PERSONNE** | **VEGAN & SANS GLUTEN**

# COCKTAIL CITRON-FENOUIL

**Il existe un cocktail citronné que j'adore, appelé « Corpse Reviver », parfumé au fenouil et aux herbes aromatiques. Dans cette version plus légère, l'infusion de fenouil, le fenouil et le basilic frais apportent la saveur que l'on doit à l'absinthe et à la Chartreuse dans la recette traditionnelle. Cette recette m'a rendue accro aux cocktails à base d'infusions et de thés.** **Rendez-vous à la page 272 pour d'autres idées !**

120 ml de gin
135 ml d'infusion de fenouil refroidie*
60 ml de jus de citron
2 c. à soupe de sirop d'érable
50 g de fenouil, grossièrement haché
8 feuilles de basilic frais
1 poignée de glaçons
Eau gazeuse, pour compléter
Zeste de citron bio, pour décorer

** Privilégiez une infusion de fenouil bio.*

Dans un shaker, mélanger le gin, la tisane, le jus de citron, le sirop d'érable, le fenouil, le basilic et les glaçons. Bien secouer et verser dans 4 verres de 180 ml. Compléter avec de l'eau gazeuse et décorer avec le zeste de citron.

**POUR 4 PERSONNES** | **VEGAN & SANS GLUTEN**

# SANGRIA À LA FRAISE, À LA PÊCHE ET AU BASILIC

**Cette sangria est ma boisson préférée pour les fêtes d'été. Elle ne demande que quelques minutes de préparation, mais elle ne manquera pas d'impressionner les invités. C'est une excellente recette, à réaliser quelques heures avant de la servir : les saveurs se mêlent et s'intensifient au réfrigérateur.**

1 bouteille (750 ml) de pinot gris
80 ml de Lillet® blanc
2 pêches, dénoyautées et coupées en tranches
8 grosses fraises, équeutées et coupées en 2
Les feuilles de 1 petit bouquet de basilic frais
Des glaçons, pour servir (facultatif)

Mélanger tous les ingrédients dans un pichet. Remuer et mettre au frais jusqu'au moment de servir. Servir avec des glaçons, si vous le souhaitez.

POUR 6 PERSONNES

VEGAN & SANS GLUTEN

# TEATAILS

## COCKTAILS À BASE DE THÉ

**Levez votre verre aux antioxydants avec ces cocktails rafraîchissants à base de thé ! Faites infuser et refroidir les thés avant de les incorporer aux cocktails.**

# 1

### *MULE* AU THÉ À LA MENTHE

2 c. à soupe de vodka
60 ml de thé à la menthe
60 ml de kombucha au gingembre
1 poignée de glaçons
1 poignée de menthe

# 2

### GIMLET AU THÉ AU GINGEMBRE

60 ml de gin
60 ml de thé au gingembre
1 c. à soupe de jus de citron vert
1 c. à café de sirop d'agave
Un peu d'eau gazeuse

# 3

### PALOMA AU THÉ À LA PÊCHE

60 ml de jus de pamplemousse
60 ml d'eau gazeuse
60 ml de thé noir à la pêche
60 ml de tequila
1 c. à café de sirop d'agave
1 c. à soupe de jus de citron vert

# 4

### OLD FASHIONED AU THÉ À L'ORANGE

60 ml de bourbon
1 c. à café de sirop d'érable
60 ml de thé à l'orange
1 rondelle d'orange, pour décorer
2 traits de bitter

*J'aime mes cocktails légèrement sucrés ; ajoutez de l'édulcorant à votre convenance.*

# 5

## TINI AU THÉ VERT

60 ml de gin
60 ml de thé vert
½ c. à café de sirop d'agave
2 olives, pour décorer

# 6

## MOJITO AU MATCHA

¼ de c. à café de matcha en poudre
60 ml d'eau gazeuse
3 c. à soupe de rhum
2 c. à soupe de jus de citron vert
1 poignée de feuilles de menthe
2 poignées de glaçons
1 c. à café de sirop d'agave

# 7

## HIGHBALL À L'INFUSION D'HIBISCUS

60 ml de gin
120 ml d'infusion d'hibiscus
1 c. à soupe de jus de citron vert
1 c. à café de sirop d'agave
2 poignées de glaçons
60 ml d'eau gazeuse

# 8

## VODKA-CITRON AU THÉ AU CITRON

Sucre et piment de Cayenne moulu, pour décorer le rebord du verre
60 ml de vodka
90 ml de thé au citron
1 c. à soupe de jus de citron
1 c. à café de sirop d'érable
1 poignée de glace pilée

**Cocktails 1 à 4, 7 et 8 :** mélanger les ingrédients et servir.
**Cocktail 5 :** verser les ingrédients dans un shaker, secouer et servir.
**Cocktail 6 :** fouetter le matcha et l'eau jusqu'à obtenir un mélange homogène. Incorporer le reste des ingrédients et servir.

# RECE DE

CHAPITRE **9**

# TTES BASE

*UTILISÉES DANS :*

*Nouilles de courgettes sauce* puttanesca *(voir page 177)*

# BOULETTES VÉGÉTARIENNES FACILES DE QUINOA À LA SAUGE

**Les boulettes végétariennes sont amusantes à manger, mais elles peuvent être difficiles à préparer. J'ai travaillé dur pour simplifier cette recette afin que la liste des ingrédients soit courte et les étapes rapides. Le quinoa apporte des protéines, les noix donnent de la texture, et la sauge ainsi que le piment en poudre confèrent une belle profondeur de goût. Mais l'ingrédient secret qui permet de lier ces boulettes est le houmous ! Servez-les avec les nouilles de courgettes sauce *puttanesca* (voir page 177), dans des salades ou dans des bowls à base de céréales, ou mettez-les à l'intérieur d'une petite ciabatta moelleuse avec de la sauce marinara.**

300 g de quinoa, cuit (voir page 22)
1 carotte moyenne, râpée
1 échalote, émincée
65 g de noix
2 gousses d'ail, épluchées
1 c. à café de piment en poudre
Les feuilles de quelques brins de sauge fraîche, ciselées
Les feuilles de ½ bouquet de persil frais ou de coriandre fraîche, ciselées
¼ de c. à café de sel de mer
80 g de houmous
85 g de chapelure panko
Huile d'olive vierge extra

Préchauffer le four à 200 °C et recouvrir une plaque à four de papier sulfurisé.

Dans un robot, mettre le quinoa, la carotte, l'échalote, les noix, l'ail, le piment en poudre, la sauge, le persil et le sel. Mixer jusqu'à ce que le tout soit mélangé, en raclant les parois du robot au besoin. Ajouter le houmous et mélanger à nouveau. Retirer la lame du robot et incorporer la chapelure panko.

Former des boulettes à l'aide d'une cuillère à glace. Les placer sur la plaque et les arroser légèrement d'huile d'olive. Les cuire au four pendant 20 à 25 min ou jusqu'à ce qu'elles soient fermes et légèrement croustillantes à l'extérieur.

POUR 16 BOULETTES

VEGAN

POUR UNE VERSION SANS GLUTEN
**Utiliser de la chapelure panko sans gluten.**

*LA* SALSA VERDE *EST UTILISÉE DANS:*

*« Steaks » de chou-fleur, salsa verde au citron (voir page 145)*
*Socca printanière (voir page 153)*
*Tajine de légumes-racines avec couscous au citron (voir page 207)*
*Broccolinis et burrata au citron (voir page 233)*

# CITRONS CONFITS EXPRESS

**J'adore les citrons confits, mais le processus prend trop de temps. Je me suis dit qu'il devait y avoir un moyen de les faire mariner rapidement, et c'est le cas ! Cette recette simple est basée sur celle des citrons confits express de Mark Bittman. Comme les citrons coupés ramollissent plus vite que les citrons entiers, cette méthode est devenue la mienne.**

2 citrons bio à peau fine
1 c. à soupe de sucre de canne blond
½ c. à soupe de sel de mer

Couper les citrons en petits dés, avec la peau. Retirer les pépins au fur et à mesure. Placer les citrons, le sucre et le sel dans un bocal à couvercle. Fermer et secouer. Le mettre au réfrigérateur pendant au moins 3 h, de préférence pendant toute 1 nuit. Les citrons se conserveront pendant environ 1 semaine.

POUR / PETIT POT

VEGAN & SANS GLUTEN

# *SALSA VERDE* AU CITRON

**Ce condiment simple a une saveur punchy. Il rehausse les légumes rôtis et est délicieux sur des pâtes.**

3 c. à soupe de dés de citrons confits express (ci-dessus)
Les feuilles de quelques brins de persil frais ou de basilic frais, ciselées
2 c. à café de câpres
2 c. à soupe de pignons de pin, torréfiés
¼ de c. à café de flocons de piment rouge séché et/ou 1 petit piment rouge, émincé
2 c. à soupe d'huile d'olive vierge extra
Sel de mer et poivre noir du moulin

Dans un saladier, mélanger les citrons confits, le persil (ou le basilic), les câpres, les pignons de pin, les flocons de piment, du sel et du poivre. Incorporer l'huile d'olive.

POUR 120 ML

VEGAN & SANS GLUTEN

*UTILISÉE DANS :*

*Bowls de polenta sauce chimichurri (voir page 49)*
*Falafels de lentilles corail au four (voir page 137)*
*Burgers aux pois chiches et à la harissa (voir page 173)*
*Pitas au chou-fleur rôti avec halloumi et harissa (voir page 211)*

# HARISSA MAISON

**Le secret d'une bonne harissa, c'est de la faire soi-même ! Le mélange est facile à réaliser et c'est un condiment formidable à garder à portée de main. Elle se conserve quelques semaines au réfrigérateur et vous vous surprendrez à en agrémenter vos œufs et vos sandwichs pour leur donner un coup de peps.**

1 piment *ancho*, *guajillo* ou *pasilla* séché

480 ml d'eau bouillante

1 poivron rouge moyen*

½ c. à café de graines de carvi

2 gousses d'ail, finement hachées

½ c. à café de cumin moulu

½ c. à café de coriandre moulue

¼ de c. à café de sel de mer

2 c. à soupe de jus de citron frais

1 ½ c. à soupe d'huile d'olive vierge extra

¼ de c. à café de flocons de piment rouge séché (facultatif)

70 g de graines de tournesol ou de pignons de pin (facultatif)

Poivre noir du moulin

** Si vous choisissez d'utiliser un poivron rouge grillé en bocal, ne mettez pas de sel de mer. Assaisonnez à votre convenance.*

Retirer le pédoncule et les graines du piment séché. Verser l'eau bouillante dans un saladier, ajouter le piment séché et le laisser tremper pendant 20 min.

Pendant ce temps, faire griller le poivron rouge : le faire griller entier sur un brûleur à gaz ou sous le gril du four jusqu'à ce que la peau soit noircie sur toute sa surface. Le retirer du feu et le placer dans un récipient hermétique pendant 10 min. Retirer la peau, le pédoncule, les parties blanches et les graines.

Faire torréfier les graines de carvi dans une poêle jusqu'à ce qu'elles soient parfumées, pendant 30 s à 1 min. Égoutter le piment.

Dans un robot, mettre le piment, le poivron rouge grillé, les graines de carvi, l'ail, le cumin, la coriandre, le sel, le jus de citron, l'huile d'olive et du poivre noir. Mixer jusqu'à obtenir un mélange homogène, en raclant les parois du robot si nécessaire. Assaisonner à votre convenance. Si vous préférez une harissa plus piquante, ajouter les flocons de piment et mixer à nouveau.

Pour une consistance plus épaisse et plus facile à tartiner (surtout si vous préparez les pitas au chou-fleur rôti avec halloumi et harissa de la page 211), ajouter les graines de tournesol ou les pignons de pin dans le robot et mixer jusqu'à obtenir une consistance lisse.

POUR 240 ML | VEGAN & SANS GLUTEN

*UTILISÉE DANS:*

*Bowls de polenta sauce* chimichurri *(voir page 49)*
*Salade de pommes de terre sauce* chimichurri *(voir page 119)*

# SAUCE *CHIMICHURRI*

**Lorsque vous avez des herbes aromatiques en trop, préparez de la sauce *chimichurri* ! Cette recette utilise du persil, mais la coriandre convient également. Versez cette sauce sur n'importe quel légume grillé ou rôti.**

80 ml d'huile d'olive vierge extra, plus un peu au besoin

3 c. à soupe de vinaigre de vin blanc

1 gousse d'ail, finement hachée

½ c. à café de flocons de piment rouge séché

¼ de c. à café de paprika fumé

½ c. à café de sel de mer

Les feuilles de ¼ de bouquet de persil frais, ciselées

¼ de c. à café d'origan séché

Dans un petit saladier, mélanger l'huile d'olive, le vinaigre, l'ail, les flocons de piment, le paprika fumé, le sel, le persil et l'origan. Si votre sauce *chimichurri* a un goût trop prononcé, ajouter jusqu'à 60 ml d'huile d'olive.

POUR ENVIRON 150 ML | VEGAN & SANS GLUTEN

*UTILISÉE DANS:*

*Soupe aux feuilles de lasagnes avec « ricotta » végétale (voir page 93)*
*Lasagnes roulées au chou kale et à la patate douce (voir page 197)*

# « RICOTTA » VÉGÉTALE

**C'est ma « ricotta » préférée. Le tofu émietté lui donne une texture semblable à celle de la ricotta, et la crème de noix de cajou la rend riche et crémeuse. Ajoutez-en dans des lasagnes ou préparez la soupe aux feuilles de lasagnes (ma préférée) de la page 93.**

4 bonnes poignées d'épinards frais
2 petites gousses d'ail, épluchées
115 g de noix de cajou crues
150 ml d'eau
3 c. à soupe de jus de citron frais
100 g de tofu extra-ferme, émietté
1 c. à café d'origan séché
½ c. à café de zeste de citron bio
¼ de c. à café de flocons de piment rouge séché
Sel de mer et poivre noir du moulin

Cuire les épinards et l'ail à la vapeur pendant 2 min, ou jusqu'à ce que les épinards soient ramollis mais encore verts. Réserver l'ail. Déposer les épinards sur un torchon ou du papier absorbant et éponger l'excédent d'eau. Hacher grossièrement.

Dans un blender, mettre l'ail, les noix de cajou, l'eau, le jus de citron, ½ c. à café de sel et du poivre noir. Mixer jusqu'à obtenir une texture crémeuse.

Dans un saladier, mélanger le tofu, les épinards, l'origan, le zeste de citron, les flocons de piment et du poivre noir. Incorporer la crème de noix de cajou. Goûter et ajouter du sel si nécessaire.

POUR / PETIT BOL | VEGAN & SANS GLUTEN

*UTILISÉE DANS :*

Enchiladas à *la courgette et à la* salsa verde *(voir page 157)*

# SALSA AUX TOMATILLES

**L'une des choses que j'ai le plus aimées en vivant à Austin, c'est qu'il y avait de très bonnes sauces salsa partout. Cela m'a permis d'apprécier la sauce salsa fraîchement préparée, qui est tellement plus savoureuse que celle du commerce. La sauce salsa maison est également facile à préparer : il suffit de rôtir et de mixer.**

6 tomatilles moyennes (ou tomates vertes)

¼ d'oignon jaune moyen, coupé en gros morceaux

1 piment *jalapeño*, pédoncule retiré

2 gousses d'ail non épluchées, enveloppées dans du papier d'aluminium

½ c. à café de zeste de citron vert bio

1 ½ c. à soupe de jus de citron vert frais

1 ½ c. à soupe d'huile d'olive vierge extra, plus un peu pour arroser

Les feuilles de quelques brins de coriandre fraîche, ciselées

Sel de mer

Préchauffer le four à 230 °C et recouvrir une plaque à four de papier sulfurisé.

Retirer les enveloppes des tomatilles et les rincer à l'eau fraîche car elles sont parfois collantes. Placer les tomatilles, l'oignon et le piment *jalapeño* sur la plaque, les arroser d'huile d'olive et d'une généreuse pincée de sel, puis mélanger. Ajouter l'ail enveloppé de papier d'aluminium sur la plaque et faire rôtir le tout pendant 15 à 20 min, ou jusqu'à ce que les tomatilles soient tendres et bien dorées.

Retirer l'ail du papier d'aluminium, l'éplucher et le mettre dans un robot. Ajouter les légumes rôtis, le zeste et le jus de citron vert, l'huile d'olive, la coriandre et ½ à ¾ de c. à café de sel et mixer jusqu'à ce que le tout soit finement haché. Assaisonner à votre convenance.

POUR 360 ML

VEGAN & SANS GLUTEN

*UTILISÉE DANS:*

*Tourtes individuelles réconfortantes aux champignons et haricots blancs (voir page 141)*
*Tarte au poireau et aux fanes de radis (voir page 181)*

# PÂTE À TARTE VEGAN

**Il s'agit d'une recette simple qui peut être utilisée pour préparer des tartes sucrées ou salées. Elle utilise de l'huile de coco à la place du beurre ou du saindoux. Si vous préparez une tarte salée, veillez à utiliser de l'huile de coco désodorisée pour que votre pâte à tarte n'ait pas un goût de noix de coco.**

90 g de farine de blé T 110

90 g de farine de blé tous usages, plus un peu pour étaler la pâte

1 c. à soupe de sucre de canne blond

½ c. à café de sel de mer

130 g d'huile de noix de coco raffinée*, solide mais que l'on peut prélever à la cuillère

3 à 4 c. à soupe d'eau glacée

Des haricots secs, pour cuire à blanc

** Utilisez de l'huile de coco désodorisée plutôt que de l'huile de coco vierge pour éviter de donner un goût de noix de coco à la pâte.*

Dans un saladier, mélanger au fouet les farines, le sucre et le sel. Transférer la moitié du mélange dans un robot et ajouter l'huile de coco par grandes cuillerées. Mixer jusqu'à ce que le mélange devienne friable, puis ajouter le reste du mélange de farines et mixer jusqu'à ce que la préparation ressemble à du sable grossier.

Transférer la pâte dans le saladier d'origine. Ajouter progressivement l'eau glacée et utiliser une spatule en caoutchouc pour mélanger la pâte jusqu'à ce qu'elle se rassemble en une boule. Pétrir la pâte pour obtenir une boule lisse. Former un disque de 4 cm d'épaisseur, l'envelopper dans du film alimentaire et le mettre au réfrigérateur pendant 30 min.

Préchauffer le four à 180 °C. Étaler la pâte pour qu'elle corresponde à un moule à tourte ou à tarte de 24 à 28 cm. Piquer la pâte à l'aide d'une fourchette et la recouvrir de papier sulfurisé. Couvrir la pâte d'une couche de haricots secs et faire précuire la pâte pendant 20 min. Retirer les haricots, remplir le fond de tarte avec la garniture désirée et faire cuire 18 à 20 min supplémentaires, ou le temps spécifié dans la recette de la tourte ou de la tarte.

POUR 6 À 8 PERSONNES | VEGAN

*UTILISÉE DANS :*

*Pizza à la pomme, au poireau et au labneh au zeste de citron (voir page 183)*

# PÂTE À PIZZA MAISON

**Voici notre recette de pâte à pizza préférée pour tous les jours. L'inspiration est venue de la pâte à pizza fraîche multicéréales que j'aime acheter au supermarché lorsque je suis trop paresseuse pour la faire moi-même ! Cette pâte est nutritive et moelleuse grâce au quinoa qui y est mélangé, tandis que les graines de lin lui donnent un petit goût de noisette. Elle est facile à préparer, surtout si, comme moi, vous confiez cette tâche à votre mari !**

180 ml d'eau chaude (40 à 45 °C)
1 ½ c. à café de sirop d'érable
1 sachet de levure boulangère sèche (8 g)
120 g de farine T 80
120 g de farine de blé tous usages
100 g de quinoa, cuit (voir page 22)
1 c. à soupe de graines de lin moulues
1 c. à café de sel de mer
2 c. à soupe d'huile d'olive vierge extra

Dans un bol, mélanger l'eau, le sirop d'érable et la levure. Réserver pendant 5 min, jusqu'à ce que la levure soit mousseuse.

Dans la cuve d'un robot pâtissier équipé d'un crochet pétrisseur, mettre les farines, le quinoa, les graines de lin et le sel. Pétrir à vitesse moyenne jusqu'à ce que tout soit mélangé. Ajouter le mélange à base de levure et 1 c. à soupe d'huile d'olive. Pétrir à vitesse moyenne jusqu'à ce que la pâte forme une boule autour du crochet, pendant 5 à 6 min. Si la pâte est trop sèche pour former une boule, ajouter progressivement de l'eau jusqu'à ce que le mélange forme une boule. Si la pâte est trop collante, ajouter un peu plus de farine.

Déposer la pâte sur une surface légèrement farinée et la pétrir délicatement pour obtenir une boule lisse.

Badigeonner un saladier avec l'huile d'olive restante et y placer la pâte. Couvrir d'un film alimentaire et laisser lever jusqu'à ce que la pâte ait doublé de volume, soit environ 1 h.

Mettre la pâte sur une surface farinée. L'étaler pour obtenir une pâte à pizza de 35 cm de diamètre. Couvrir et laisser reposer la pâte étalée pendant 10 min.

Cuire au four selon la recette de pizza choisie.

**POUR / PÂTON DE 450 G** pour 1 grande pizza ou 2 petites | **VEGAN**

*UTILISÉS DANS :*

*Pâtes au chou-fleur rôti, yaourt et harissa (voir page 215)*
*Radis grillés, pois chiches marinés et sauce aux fanes de radis (voir page 221)*

# POIS CHICHES MARINÉS

**Les pois chiches figurent dans de nombreuses recettes de ce livre, mais lorsque je veux les utiliser sans recette, dans des salades ou des bowls à base de céréales, je les fais mariner dans ce simple mélange. Que vous les fassiez mariner pendant 5 min ou quelques jours, leur saveur fade deviendra profonde. Essayez d'utiliser différentes herbes aromatiques en fonction de ce que vous avez sous la main.**

250 g de pois chiches cuits égouttés et rincés (voir page 23)

½ c. à soupe d'huile d'olive vierge extra

1 c. à soupe de jus de citron frais

½ gousse d'ail, finement hachée

¼ de c. à café de moutarde de Dijon

½ c. à café de sel de mer, ou plus à votre convenance

2 c. à soupe d'herbes aromatiques ciselées

Dans un saladier, mélanger les pois chiches, l'huile d'olive, le jus de citron, l'ail, la moutarde, le sel et les herbes aromatiques. Réserver au réfrigérateur jusqu'au moment de l'utilisation.

POUR 250 G | VEGAN & SANS GLUTEN

# POIS CHICHES RÔTIS

**Bien qu'il existe de nombreuses méthodes compliquées pour les rôtir, j'ai découvert qu'avec les pois chiches, comme dans la vie, le plus simple est le mieux. Voici ma méthode la plus simple. N'hésitez pas à les épicer avec du paprika fumé, du piment de Cayenne moulu, des épices pour chili ou du curry en poudre si vous le souhaitez !**

250 g de pois chiches cuits égouttés et rincés (voir page 23)

Huile d'olive vierge extra

Pincées de paprika fumé ou d'épices pour chili (facultatif)

Sel de mer et poivre noir du moulin

Préchauffer le four à 200 °C et recouvrir une plaque à four de papier sulfurisé. Placer les pois chiches sur la plaque et les mélanger avec 1 filet d'huile d'olive, du sel et du poivre.
Les faire rôtir 20 min ou jusqu'à ce qu'ils soient croustillants. Les retirer du four et les mélanger avec du paprika fumé (si vous en utilisez).

POUR 250 G | VEGAN & SANS GLUTEN

# LABNEH AU ZESTE DE CITRON

**Je ne sais pas comment j'ai pu vivre sans labneh, mais maintenant que je l'ai découvert, je ne peux plus faire sans. J'adore sa texture qui ressemble à celle du fromage de chèvre, mais sa saveur est moins forte. Pour rendre le goût de ce fromage frais très vif, j'aime y ajouter du zeste de citron.**

300 g de yaourt à la grecque au lait entier
3 c. à café de zeste de citron bio (1 petit citron)
1 c. à café de sel de mer

Dans un petit saladier, mélanger le yaourt, le zeste de citron et le sel.

Déposer le mélange dans une étamine. Rassembler les bords de l'étamine, la nouer autour d'une cuillère en bois et placer la cuillère en travers d'un saladier de taille moyenne, afin que le labneh pende au centre sans toucher le fond. Mettre au réfrigérateur toute la nuit.

Déballer le labneh : ce doit être une boule molle qui se détache de l'étamine.

À utiliser comme fromage à tartiner, ou à ajouter sur les salades, les pizzas ou les pains plats.

POUR 150 G | SANS GLUTEN

*UTILISÉ DANS :*

*Carpaccio de courgettes et de radis en crostini* *(voir page 67)*
*Pizza à la pomme, au poireau et au labneh au zeste de citron* *(voir page 183)*

# Pickles

## FAITS MAISON

### UNE SAUMURE, QUATRE VERSIONS

**VINAIGRE BLANC**

480 ml

**EAU**

480 ml

**SUCRE DE CANNE**

65 g

### + 2 C. À SOUPE DE SEL DE MER

Chauffer tous les ingrédients dans une casserole de taille moyenne à feu moyen. Remuer pendant environ 1 min, jusqu'à ce que le sucre se dissolve. Laisser le mélange refroidir et le verser sur les légumes dans 2 bocaux d'une contenance de 500 ml environ. Mettre au réfrigérateur toute la nuit.

Cette recette permet de faire 2 bocaux. Préparer 2 bocaux avec le même légume ou choisir des légumes et des épices différents et utiliser la même saumure pour tous les bocaux.

# 1

## CONCOMBRES À L'ANETH

2 petits concombres
1 petite branche d'aneth
2 gousses d'ail, coupées en 2
1 c. à café de graines de moutarde
1 c. à café de grains de poivre mélangés

# 2

## COURGETTES JAUNES

2 petites courgettes jaunes
1 brin de coriandre
2 gousses d'ail, coupées en 2
1 c. à café de graines de coriandre
1 c. à café de grains de poivre mélangés

# 3

## OIGNONS ROUGES

2 petits oignons rouges, émincés
2 gousses d'ail, coupées en 2
1 c. à café de grains de poivre mélangés

# 4

## CHOU-FLEUR

150 g de fleurettes de chou-fleur
1 petit piment rouge, haché
1 c. à café de graines de cumin
1 c. à café de grains de poivre mélangés
¼ de c. à café de curcuma moulu

## SAUCE MARINARA

2 c. à soupe d'huile d'olive vierge extra
1 échalote, émincée
2 gousses d'ail, finement hachées
¼ de c. à café de sel de mer, ou plus à votre convenance
1 boîte de tomates pelées entières (800 g)
2 c. à café de vinaigre balsamique
¼ de c. à café d'origan séché
1 pincée de flocons de piment rouge séché
¼ de c. à café de sucre de canne blond
Les feuilles de quelques brins de basilic frais, ciselées
Poivre noir du moulin

Faire chauffer l'huile d'olive dans une casserole moyenne à feu doux. Ajouter l'échalote, l'ail, le sel et du poivre noir et faire cuire pendant 3 min, en remuant souvent.

Ajouter les tomates et leur jus, le vinaigre balsamique, l'origan et les flocons de piment. Écraser les tomates à l'aide d'un presse-purée. Laisser mijoter à feu doux pendant 20 min, en remuant de temps en temps. Ajouter le sucre et laisser mijoter pendant 10 min supplémentaires.

Retirer du feu et ajouter le basilic. Assaisonner à votre convenance.

**POUR ENVIRON 600 ML**

**VEGAN & SANS GLUTEN**

*UTILISÉE DANS :*

*Lasagnes roulées au chou kale et à la patate douce (voir page 197)*

## TAHINI AU SÉSAME ET AU GINGEMBRE

2 ½ c. à soupe de tahini
2 c. à soupe de jus de citron frais
2 c. à soupe de sirop d'érable
1 ½ c. à soupe de tamari
1 c. à soupe d'huile d'olive vierge extra
1 c. à soupe de gingembre, finement haché
½ c. à soupe d'huile de sésame
1 gousse d'ail, épluchée
1 c. à soupe d'eau, si nécessaire

Dans un blender, mettre le tahini, le jus de citron, le sirop d'érable, le tamari, l'huile d'olive, le gingembre, l'huile de sésame et l'ail et mixer jusqu'à obtenir un mélange homogène. Si le mélange est trop épais, ajouter de l'eau et mixer jusqu'à obtenir une consistance homogène.

**POUR 120 à 180 G**

**VEGAN & SANS GLUTEN**

*UTILISÉ DANS :*

*Salade d'avocats et de fenouil, sauce sésame-gingembre (voir page 113)*

## SAUCE HOLLANDAISE VÉGÉTALE ALLÉGÉE

75 g de noix de cajou crues
60 ml d'eau
2 c. à soupe d'huile d'olive vierge extra
2 c. à café de jus de citron frais
¼ de c. à café de moutarde de Dijon
½ gousse d'ail, épluchée
1 pincée de curcuma moulu
¼ de c. à café de sel de mer
Poivre noir du moulin

Dans un blender à grande vitesse, mettre les noix de cajou, l'eau, l'huile d'olive, le jus de citron, la moutarde, l'ail, le curcuma, le sel et du poivre noir et mixer jusqu'à obtenir une sauce lisse.

**POUR ENVIRON 170 G**

**VEGAN & SANS GLUTEN**

*UTILISÉE DANS :*

*Œufs Bénédicte* caprese *avec sauce hollandaise végétale allégée (voir page 41)*

## SAUCE CÉSAR VEGAN

75 g de noix de cajou crues
1 gousse d'ail, épluchée
2 c. à soupe de jus de citron frais
2 c. à café de moutarde de Dijon
2 c. à café de câpres, égouttées
120 ml d'eau
Poivre noir du moulin

Dans un blender à grande vitesse, mettre les noix de cajou, l'ail, le jus de citron, la moutarde, les câpres, l'eau et du poivre noir. Mixer jusqu'à obtenir une texture crémeuse.

**POUR ENVIRON 220 G**

**VEGAN & SANS GLUTEN**

*UTILISÉE DANS :*

*Salade César à la laitue grillée (voir page 111)*

## TARTINADE D'ÉPINARDS À LA CORIANDRE

75 g de noix de cajou crues

60 ml d'eau, plus un peu si nécessaire

2 c. à soupe d'huile d'olive vierge extra

2 c. à café de jus de citron frais

½ gousse d'ail, épluchée

1 poignée d'épinards frais hachés

Les feuilles de quelques brins de coriandre fraîche, ciselées

¼ de c. à café de sel de mer

Dans un blender à grande vitesse, mettre les noix de cajou, l'eau, l'huile d'olive, le jus de citron, l'ail, les épinards, la coriandre et le sel et mixer jusqu'à obtenir un mélange homogène.

**POUR ENVIRON 170 G**

**VEGAN & SANS GLUTEN**

*UTILISÉE DANS :*

*Socca printanière (page 153)*

## CRÈME AIGRE AUX NOIX DE CAJOU ET AU CITRON VERT

150 g de noix de cajou crues

240 ml d'eau

1 gousse d'ail, épluchée

2 c. à soupe de jus de citron vert frais

1 c. à café de sel de mer

Dans un blender à grande vitesse, mettre les noix de cajou, l'eau, l'ail, le jus de citron vert et le sel et mixer jusqu'à obtenir un mélange homogène. Mettre au réfrigérateur jusqu'au moment de l'utilisation.

**POUR ENVIRON 400 G**

**VEGAN & SANS GLUTEN**

*UTILISÉE DANS :*

Enchiladas *à la courgette et à la* salsa verde *(voir page 157)*

## SAUCE CRÉMEUSE À LA CORIANDRE

110 g de mayonnaise

½ gousse d'ail, finement hachée

Quelques brins de coriandre fraîche, feuilles et tiges, ciselés

½ c. à café de zeste de citron vert bio

1 c. à café de jus de citron vert frais

Sel de mer et poivre noir du moulin

Dans un petit saladier, mélanger la mayonnaise, l'ail, la coriandre, le zeste de citron vert et le jus de citron vert, et assaisonner de sel et de poivre. Mettre au réfrigérateur jusqu'au moment de l'utilisation.

**POUR ENVIRON 120 G**

**POUR UNE VERSION VEGAN**
Utiliser de la mayonnaise vegan.

**SANS GLUTEN**

*UTILISÉE DANS :*

*Burgers aux pois chiches et à la harissa* *(voir page 173)*

## SAUCE JAUNE AU CURRY

1 petite patate douce

1 c. à café de graines de cumin

1 c. à café de graines de coriandre

10 capsules de cardamome, graines retirées

360 ml de lait de coco en boîte

2 gousses d'ail, épluchées

1 c. à soupe de gingembre frais, râpé

½ c. à café de curcuma moulu

¼ de c. à café de piment de Cayenne moulu

Le zeste de 1 citron vert bio

½ c. à café de vinaigre de vin blanc

½ c. à café de sel de mer

Préchauffer le four à 220 °C. Piquer la patate douce à l'aide d'une fourchette et la faire rôtir pendant 1 h, jusqu'à ce qu'elle soit tendre. Prélever 50 g de la chair molle cuite.

Faire torréfier le cumin, la coriandre et la cardamome dans une petite poêle sèche à feu moyen, pendant 2 à 3 min, jusqu'à ce qu'ils commencent à éclater.

Dans un blender, mettre la chair de patate douce, les épices torréfiées, le lait de coco, l'ail, le gingembre, le curcuma, le piment de Cayenne, le zeste de citron vert, le vinaigre et le sel. Mixer jusqu'à obtenir un mélange homogène.

**POUR 1 BOL**

**VEGAN & SANS GLUTEN**

*UTILISÉE DANS :*

*Curry ensoleillé* *(voir page 193)*

## TZATZIKI ZÉRO DÉCHET

150 g de yaourt à la grecque au lait entier
1 c. à soupe d'huile d'olive vierge extra
1 gousse d'ail, finement hachée
¼ de c. à café de zeste de citron bio
1 ½ c. à soupe de jus de citron frais
4 c. à soupe de fanes de carottes ou de pluches de fenouil, hachées
4 c. à soupe d'un mélange d'herbes aromatiques, avec les tiges (menthe, aneth, coriandre), ciselées
2 c. à soupe d'eau
¼ de c. à café de sel de mer
Poivre noir du moulin

Dans un petit saladier, mélanger le yaourt, l'huile d'olive, l'ail, le zeste de citron, le jus de citron, les fanes de carottes, les herbes aromatiques, l'eau, le sel et du poivre noir.

**POUR ENVIRON 180 G**

**SANS GLUTEN**

*UTILISÉ DANS :*

*Carottes rôties avec tzatziki aux fanes de carottes (voir page 229)*

## SAUCE AUX FANES DE RADIS

35 g de fanes de radis
1 gousse d'ail, épluchée
Les feuilles de 1 bouquet moyen de basilic frais, ciselées
½ c. à café de zeste de citron
1 c. à soupe de jus de citron frais
½ c. à café de miel ou de sirop d'érable
½ c. à café de sel de mer
225 g de yaourt à la grecque au lait entier
2 c. à soupe d'huile d'olive vierge extra

Porter une petite casserole d'eau à ébullition et placer un saladier d'eau glacée à proximité. Plonger les fanes et l'ail dans l'eau bouillante pour les blanchir. Retirer les fanes après environ 10 s, ou quand elles sont justes ramollies, et les transférer dans l'eau glacée. Retirer l'ail 1 min plus tard et le réserver. Égoutter les fanes, les éponger et les hacher.

Dans un blender, mettre les fanes, l'ail, le basilic, le zeste de citron, le jus de citron, le miel, le sel et le yaourt. Mixer jusqu'à ce que le tout soit bien mélangé. Ajouter l'huile d'olive en filet et mélanger à nouveau. Mettre au réfrigérateur jusqu'au moment de l'utilisation.

**POUR 250 À 300 G**

**SANS GLUTEN**

*UTILISÉE DANS :*

*Radis grillés, pois chiches marinés et sauce aux fanes de radis (page 221)*

## PESTO DE PIMENTS *JALAPEÑOS* BRÛLÉS

2 piments *jalapeños*

70 g de graines de courge

1 gousse d'ail, épluchée

Les feuilles de ½ botte de coriandre fraîche, ciselées

Les feuilles de ½ botte de persil frais, ciselées

2 c. à soupe de jus de citron frais

½ c. à café de cumin moulu

¼ de c. à café de sel de mer

60 ml d'huile d'olive vierge extra, plus un peu pour arroser

Poivre noir du moulin

Faire griller les piments *jalapeños* au-dessus d'une flamme jusqu'à ce qu'ils noircissent sur toute leur surface. Les envelopper dans du papier d'aluminium pendant 10 min pour les faire cuire à la vapeur et les ramollir. Dans un robot, mettre les graines de courge et l'ail et mixer. Ajouter la coriandre, le persil, le jus de citron, le cumin, le sel et du poivre noir. Avec le robot toujours en marche, verser l'huile d'olive en filet. Déballer les piments *jalapeños* et retirer les pédoncules, les graines et les parties blanches, en conservant la peau brûlée. Ajouter les piments *jalapeños* dans le bol du robot et mixer jusqu'à ce que tout soit mélangé.

**POUR 250 À 300 G**

**VEGAN & SANS GLUTEN**

*UTILISÉ DANS :*

*Poivrons farcis aux haricots noirs épicés et à la mangue (voir page 165)*

## PESTO À LA MENTHE

70 g de graines de courge

Les feuilles de quelques brins de menthe fraîche

Les feuilles de quelques brins de persil frais

70 g de petits pois surgelés décongelés

1 petite gousse d'ail, épluchée

2 c. à soupe de jus de citron frais

¼ de c. à café de sel de mer

60 ml d'huile d'olive vierge extra, plus un peu si nécessaire

Dans un robot, mettre les graines de courge, la menthe, le persil, les petits pois, l'ail, le jus de citron et le sel et réduire en purée grossière. Avec le robot en marche, verser l'huile d'olive et mélanger jusqu'à obtenir une purée.

**POUR ENVIRON 240 G**

**VEGAN & SANS GLUTEN**

*UTILISÉ DANS :*

*Soupe verte printanière au miso et au citron (voir page 89)*

## SAUCE TARTARE AU YAOURT À LA GRECQUE

150 g de yaourt à la grecque au lait entier
2 c. à soupe de mayonnaise
2 c. à soupe de coriandre, ciselée
1 c. à soupe de jus de citron frais
1 c. à café de câpres, hachées
½ c. à café de moutarde de Dijon
½ gousse d'ail, finement hachée
¼ de c. à café d'oignon semoule
¼ de c. à café d'épices pour chili
¼ de c. à café de sel de mer

Dans un petit saladier, mélanger le yaourt, la mayonnaise, la coriandre, le jus de citron, les câpres, la moutarde, l'ail, l'oignon semoule, les épices pour chili et le sel.

**POUR ENVIRON 200 G**

**POUR UNE VERSION VEGAN**
Utiliser de la mayonnaise vegan.

**SANS GLUTEN**

*UTILISÉE DANS :*

*Tacos au « poisson » d'artichaut pané au four (page 155)*

## PESTO DE FANES DE CAROTTES

70 g de graines de courge
1 petite gousse d'ail, épluchée
¼ de c. à café de sel de mer
2 c. à soupe de jus de citron frais
100 g de fanes de carottes
Les feuilles de 1 petit bouquet de basilic
60 ml d'huile d'olive vierge extra
Poivre noir du moulin

Dans un petit robot, mettre les graines de courge, l'ail, le sel et du poivre et mixer jusqu'à ce que tout soit mélangé. Ajouter le jus de citron, les fanes de carottes et le basilic et mixer à nouveau. Avec le robot en marche, ajouter l'huile d'olive en filet et mixer jusqu'à ce que tout soit mélangé.

**POUR 1 PETIT BOL**

**VEGAN & SANS GLUTEN**

## SAUCE AU RAIFORT

75 g de noix de cajou crues

90 ml d'eau

2 c. à soupe de jus de citron frais

2 c. à soupe de moutarde de Dijon

1 ½ c. à soupe de ketchup

1 c. à soupe de *relish* de cornichons aigres-doux à l'aneth ou cornichons aigres-doux râpés

1 ½ c. à café de raifort en bocal

1 petite gousse d'ail, épluchée

¼ de c. à café de sel de mer

Dans un blender à grande vitesse, mettre les noix de cajou, l'eau, le jus de citron, la moutarde, le ketchup, la *relish*, le raifort, l'ail et le sel. Mixer jusqu'à obtenir un mélange homogène.

**POUR ENVIRON 200 G**

**VEGAN & SANS GLUTEN**

*UTILISÉE DANS :*

*Sandwichs Reuben aux portobellos (voir page 169)*

## *PICO DE GALLO* EXPRESS

1 à 2 petites tomates, coupées en dés

½ oignon blanc moyen, coupé en dés

Les feuilles de quelques brins de coriandre fraîche, ciselées

2 c. à soupe de jus de citron vert frais

1 gousse d'ail, finement hachée

½ piment *jalapeño*, pédoncule retiré, haché

¼ de c. à café de sel de mer

Dans un petit saladier, mettre les tomates, l'oignon, la coriandre, le jus de citron vert, l'ail, le piment *jalapeño* et le sel. Mélanger.

**POUR 150 À 250 G**

**VEGAN & SANS GLUTEN**

*UTILISÉ DANS :*

*Œufs brouillés* migas *(page 62)*

*Burritos au « riz » de brocoli et aux haricots noirs (page 149)*

# MENUS

## POUR TOUTES LES OCCASIONS

### SOIRÉE DE PRINTEMPS

Salade d'avocats et de fenouil, sauce sésame-gingembre (voir page 113)

Socca printanière (voir page 153)

Pâtes aux asperges, aux pois gourmands et aux fleurs de ciboulette (voir page 135)

*Mule* au thé à la menthe (voir page 272)

### BARBECUE AU JARDIN

Burgers aux pois chiches et à la harissa (voir page 173)

Salade de maïs, myrtilles et roquette (voir page 123)

Salade de pommes de terre, sauce *chimichurri* (voir page 119)

Pickles maison (voir page 296)

Paloma au thé à la pêche (voir page 272)

### BRUNCH DU DIMANCHE

Pain perdu aux fraises au four (voir page 47)

Œufs Bénédicte *caprese* avec sauce hollandaise végétale allégée (voir page 41)

Salade de sucrine et d'asperges, sauce crémeuse à l'aneth (voir page 129)

### SOIRÉES ENTRE COPINES

Fauxmage d'amande aux herbes de Provence (voir page 73)

Salade de carottes marocaine aux épices avec lentilles (voir page 121)

Curry ensoleillé (voir page 193)

Gâteau au citron, à l'huile d'olive et aux pistaches (voir page 243)

Gimlet au thé au gingembre (voir page 272)

## FÊTE DE LA RÉCOLTE D'AUTOMNE

Courges farcies au quinoa et à la pomme, sauce à la sauge (voir page 191)

Velouté de courge butternut (voir page 87)

Gratin de chou-fleur (voir page 227)

Crumble aux poires épicées et au gingembre (voir page 259)

## SOIRÉE EN AMOUREUX

Focaccia au romarin et au citron (voir page 231)

« Steaks » de chou-fleur, *salsa verde* au citron (voir page 145)

Carrés crémeux au citron (voir page 247)

Cocktail *blush* au citron et au rosé (voir page 267)

## SOIRÉE D'HIVER

Les bretzels à l'ail de Jack (voir page 79)

Soupe aux feuilles de lasagnes avec « ricotta » végétale (voir page 93)

Gâteau au chocolat, glaçage à la patate douce (voir page 255)

## MES FAVORIS

*Muhammara* à la betterave (voir page 71)

Salade de pêches et de haricots verts à l'aneth (voir page 115)

Fattouche aux tomates anciennes (voir page 125)

Patate douce rôtie, farro et tahini (voir page 219)

*Enchiladas* à la courgette et à la *salsa verde* (voir page 157)

Cookies aux amandes et aux pépites de chocolat sans farine (voir page 241)

100+
THE

# MERCI

À mon mari, Jack, pour avoir toujours cru en mes espoirs et mes rêves.

À ma mère, pour m'avoir inspiré des habitudes alimentaires saines depuis mon premier poivron rouge. Oh, et pour avoir relu recette après recette au cours des six dernières années.

À mon oncle Phil et à ma tante Judy, pour nous avoir incités à aimer partager la nourriture.

À Liam, pour avoir été mon plus jeune testeur.

À Lucia Watson, Andrea Magyar, Farin Schlussel, Casey Maloney, Ashley Tucker, Suzy Swartz et aux équipes de ma maison d'édition pour cette joyeuse expérience de création de livres.

À Alix Frank et Denise Hernandez, pour leur soutien à la marque *Love & Lemons* et pour avoir gardé la lumière allumée dans la cuisine.

À Trina Bentley, pour avoir conçu un autre livre incroyablement magnifique. C'est un rêve de pouvoir collaborer avec toi.

À Phoebe Moore, pour m'avoir aidée à terminer ce livre… pour avoir testé des recettes comme une folle, pour avoir préparé des plats à la perfection et pour avoir corrigé mes virgules mal utilisées.

À Jenn Elliott Blake, pour avoir embelli ces pages, une serviette et une cuillère vintage à la fois.

À Judy Linden, pour m'avoir encouragée à créer ce livre !

À mes merveilleuses testeuses de recettes, Joanna Keohane et Elizabeth Brown.

À Warren Loy, pour avoir prêté une oreille attentive et avoir lu mon manuscrit.

Et surtout, un énorme merci aux lecteurs du blog *Love & Lemons*… Ce livre est pour vous, et j'espère que vous aimerez ces recettes autant que moi ! Comme toujours, merci de cuisiner à mes côtés et de m'inspirer !

# LISTE ALPHABÉTIQUE DES RECETTES

# INDEX

## D



## E



## F



## G

## O



## P

# T



# V



# Y